羽毛球运动
从入门到精通

（图解第2版）

[美] 托尼·格赖斯（Tony Grice）著 孙奇 译

人民邮电出版社

北京

图书在版编目（CIP）数据

羽毛球运动从入门到精通：图解第2版／（美）托尼·
格赖斯（Tony Grice）著；孙奇译. -- 北京：人民邮
电出版社，2017.12
ISBN 978-7-115-46065-3

Ⅰ. ①羽… Ⅱ. ①托… ②孙… Ⅲ. ①羽毛球运动—
图解 Ⅳ. ①G847-64

中国版本图书馆CIP数据核字(2017)第125796号

版权声明

免责声明

作者和出版商都已尽可能确保本书技术上的准确性以及合理性，并特别声明，不会承担由于使用本出版物中的材料而遭受的任何损伤所直接或间接产生的与个人或团体相关的一切责任、损失或风险。

内 容 提 要

羽毛球运动是一项趣味性强、锻炼效果显著且适合各年龄阶段的体育项目。学好羽毛球可以使我们一生受益。本书由世界羽毛球名将托尼·格赖斯通过总结多年的职业运动员及教练员经验倾力打造，将为读者提供一段轻松、高效、科学的羽毛球学习旅程。

本书内容从详细解读握拍、步法、发球、击球等基础技术开始，循序渐进讲解了高远球、吊球、杀球、抽球及花式击球等高级击球技术，并在此基础上融入了实战中的战略战术的应用，以及专项体能的训练指导。本书不仅配以专业运动员标准动作的步骤分解照片，还有明确的误区提示及正确技术指导，能够有效帮助练习者学习正确的羽毛球动作及技巧，提高羽毛球运动技术水平。

- ◆ 著　　　[美] 托尼·格赖斯（Tony Grice）

　　译　　　孙　奇

　　责任编辑　李　璇

　　责任印制　周昇亮

- ◆ 人民邮电出版社出版发行　　北京市丰台区成寿寺路 11 号

　　邮编　100164　　电子邮件　315@ptpress.com.cn

　　网址　http://www.ptpress.com.cn

　　廊坊市印艺阁数字科技有限公司印刷

- ◆ 开本：700×1000　1/16

　　印张：14.75　　　　　　　　　　2017 年 12 月第 1 版

　　字数：219 千字　　　　　　　　2025 年 10 月河北第 23 次印刷

　　　　　　著作权合同登记号　图字：01-2016-10048 号

定价：68.00 元

读者服务热线：**(010) 81055296**　印装质量热线：**(010) 81055316**
反盗版热线：**(010) 81055315**

目 录
Directory

勇攀羽毛球成功高峰

我写本书有几个目的。首先，我可以描述、演示和分析自己打羽毛球和教羽毛球的方法。本书适合所有水平的球员，适用于高中、大学、俱乐部举办的专业培训班，一些娱乐性质的培训班，以及完全靠自学成才的球员。这是一本专门针对羽毛球运动教学而编著的渐进式指南。

本书也适用于之前有过一定羽毛球运动经验的人。本书将帮助您分析比赛并根据需要进行矫正。本书注重基础与策略，帮助分析您在羽毛球场上的运动情况。本书还能帮助您学习新技术，评估已经学会的技术，从而在目前的水平上进一步提升。

当水平提升一个档次后，您必须阅读资料，咨询问题，仔细观察，模仿更高水平的球员，而最重要的是勤奋练球。本书给出了成功的秘诀。除此之外，您还需要天赋、求胜欲和意志品质。我希望这个分步式的过程能帮助您实现目标，并从中获得快乐。

本书中一共包含11个步骤，其范围从基本技术到比赛模拟。本书包含了100多个技巧，可以帮助您改进技术，提高练习效率，并记录自己的进步。您可以遵循书中提高或降低练习难度的建议，并根据自身的能力水平自行调节进度。书中还给出了学习羽毛球的球员会遇到的典型问题，以及解决这些问题的相关建议。这些建议可以用于您的练习或比赛中。

这11个步骤遵循了我在长期的打球与教学生涯中总结出来的一套学习次序。每个步骤都为下一步骤做好了准备，让您一步一步接近自身所能达到的最高水平。首先是握拍技术和步法，接着是发球，然后是正手与反手头顶击球。这些基本技术为以后学习更复杂的击球技术奠定了基础，比如高远球和吊球、杀球、平抽，以及更加高级的绕头顶挥拍击球技术，比如过顶击球。步骤9开始讲述得分策略，讨论了过去150年间羽毛球比赛规则的首次重大变化。步骤10与步骤11分别着重讲述双打技巧和体能训练。

我希望本书能够将羽毛球运动在全球提升到一个新高度。羽毛球是一种适合各个年龄阶层的优秀运动，可以伴随您一生。它锻炼效果极佳，也不乏乐趣。作为奥运会运动项目之一，羽毛球运动在全球极受欢迎，无疑拥有美好的未来。

准备好开启您的进阶之旅了吗？本书将引导您成为一名技术更加高超的羽毛球球员。您无法迅速登顶，而只能一步一个脚印地攀登。完成 11 个步骤中的任意一个之后，都可以轻松过渡到下一个步骤。前几个步骤是基础，让您了解基本的技巧和技术。打好基础后，您就可以学习到在羽毛球赛场上取得胜利所需的各种因素。您将学会把正确的击球方式与比赛战术相结合，同时能够在比赛的各种情况下做出本能的正确决定。接近登顶时，学习过程将变得更加轻松，您将建立对于自身羽毛球能力必定会进一步提升的自信，同时让这项运动变得更加快乐。

为了更好地做好进阶准备，必须熟读本小节和后面"羽毛球运动"一节的内容，从而把握住大方向并清楚如何围绕这些步骤来安排练习。

按照下面的步骤去做。

1. 阅读每个步骤包含的说明性内容、该步骤的重要性，以及如何完成该步骤的重点内容，比如基本技巧、理念、战术，或者三者兼而有之。

2. 研究插图，弄清楚当成功完成每项基本技术时身体的确切位置。

3. 回顾失误之处，记下常见的错误和纠正方法。

4. 完成练习。通过目标明确的重复性练习来提高技术。阅读每条指令，并记录下您的分数。安排练习应该遵循从易到难的原则，这有助于您获得持续的进步。根据自身的实际情况，可以调整（增加或降低）练习的难度。练习部分旁边有技巧指导，便于您在练习中遇到问题时参考指导内容。

每个步骤结束时，请一位合格的观察员对您的基本技巧与技术进行评估，比如教师、教练或训练伙伴。这种对基本技术或姿势的定性评估非常重要，因为使用正确的姿势才能提升您的表现。

现在，您可以开始您的逐步进阶之旅了。您将磨炼羽毛球技术，建立信心，体验成功的快感，并从中获得乐趣。

致 谢

我想感谢美国人体运动出版社，是它给了我这个与他人分享自身羽毛球经验的机会。我特别想感谢两位女士——来自田纳西州孟菲斯的 Elma Roane 和 Virginia Anderson，她们教会了我很多东西。当我进入孟菲斯州立大学时，是她们将羽毛球运动介绍给了我，并向我提供了很多指导性意见。

Charles "Red" Thomas 博士和西北部的路易斯安那州立大学也给我提供了很多支持和难得的学习机会。我还要感谢路易斯安那州立大学什里夫波特分校向我提供的持续帮助与支持。我还要感谢美国羽毛球协会在羽毛球领域的大力合作与推广。

我特别感谢 Bob Roadcap 的友谊和他对羽毛球运动的浓厚兴趣。此外，我特别要感谢三位同行，他们提供的思想、创意和练习大大丰富了本书。1996 年奥运会羽毛球女单冠军得主、韩国羽毛球运动员方铢贤提供了一些练习方法和建议，特别是在单打项目方面。针对新计分规则对羽毛球比赛策略的影响，来自加利福尼亚州赫莫萨比奇海滩和加利福尼亚州立大学北岭分校的 Curt Dommeyer 博士提供了颇有价值的意见与注解。美国羽毛球理事会会员与南方羽毛球协会主席 Mike Gamez 提供了自己关于高级技术与教学的思路。他还致力于在未成年人群体中推广羽毛球运动，尤其是在美国南部地区。

我还要感谢费时费心参与照片拍摄的模特们：Soohyun Bang、Daniel Haston、Murthy Kotike、Jason Gills、Ty Moreno 和 Cheryl Crain。

我希望把本书献给我的 4 个孩子：Tony Jr.、David、Casey 和 Curtis。最后，我要特别感谢我的姐姐 Ginger 和姐夫 Johnny Berryhill 无私的爱与大力支持。

羽毛球运动

羽毛球是世界上最流行的运动之一。它能够吸引各个年龄和各种技术层次的男女，在室内或室外都可以进行，既可以当作娱乐也可以进行比赛。羽毛球不能弹起，在不落地的情况下才能玩，因此比赛节奏快，需要快速的反应和一定程度的体能。羽毛球运动的参与者还需要了解和重视它在社交、娱乐与心理三个方面的好处。

羽毛球是使用球拍和球在球网上方进行的运动，需要使用速度相对快慢不一的击球技术和带有欺骗性的假动作。事实上，比赛期间的球速变化非常大，从吊球的 1 英里 / 时到杀球的 200 英里 / 时（1 英里 ≈ 1.6 千米）。专业球员比赛时，羽毛球被认为是世界上速度最快的球类运动。在 2007 年全英公开赛男双决赛上，有一个回合打了 92 拍，但用时仅仅 1 分零 8 秒。每一拍球过网的时间为四分之三秒。但无论是单打还是双打，都可以根据个人的需求与能力来控制，从而成为陪伴您一生的体育运动。

羽毛球运动的历史

有几种游戏被视作现代羽毛球的前身，但这些游戏的确切起源已不为人知。历史记载表明，在古代的中国、12 世纪的英格兰宫廷、18 世纪早期的波兰，以及 19 世纪后期的印度，都曾出现过使用木质球拍和羽毛球的游戏。在 11 ~ 14 世纪的欧洲，有一种使用木质球拍击打羽毛球的游戏，称为板羽球（battledore and shuttlecock）。游戏参与者必须保证羽毛球尽可能长时间地在空中飞行。

19 世纪 60 年代，位于英格兰格罗斯特郡的伯明顿庄园（Badminton House）中经常举行板羽球游戏，因此 Badminton 很快取代板羽球（battledore and shuttlecock）成为羽毛球的英文名称。位于大厅中的游戏区域是沙漏形状，中间比两边窄。这说明打羽毛球时需要让球保持一个最低飞行高度，才能让游戏回合继续。1901 年之前，羽毛球游戏都是在这种奇怪形状的场地上进行的。在大厅的中间加了一条线，这就是最原始的球网。羽毛球的最初规则于 1887 年实现了标准化，并于 1895 年与 1905 年进行了两次修订。这些规则一直沿用至今，但其中包含的计分方法于 2007 年 1 月进行了重大变革。

羽毛球运动的现状

如今，羽毛球世界联合会（Badminton World Federation，BWF）负责对全球范围的羽毛球比赛进行管理。BWF 的前身是国际羽毛球联合会（International Badminton Federation，IBF），它成立于 1934 年，最初有 9 个成员。2007 年，IBF 启用了新名称——羽毛球世界联合会（Badminton World Federation，BWF）。目前 BWF 的成员已经超过 156 个，个人会员更是多达 5000 万以上。

男子羽毛球团体赛汤姆斯杯和女子羽毛球团体赛尤伯杯是全世界最著名的羽毛球团体赛事。这两项赛事同期同地举办，每两年举办一次，且均在偶数年举办。球员们在奇数年争夺世界锦标赛冠军，而在偶数年争夺汤姆斯杯与尤伯杯。世界混合团体锦标赛（又称苏迪曼杯），1989 年在印度尼西亚首都雅加达开始举办，其地位与世界个人锦标赛相当。世界超级系列赛包含了全球主要的巡回赛事。球员参加每项巡回赛可赢得积分并进行累计，年底积分最多的球员可受邀参加超级系列赛总决赛。

羽毛球在美国的知名度与受欢迎程度相对不高。自从纽约在 1878 年引入羽毛球运动后，其发展一直很缓慢。美国羽毛球协会（American Badminton Association，ABA）是美国首个国家羽毛球组织，成立于 1936 年。ABA 于 1937 年在芝加哥举办了首届美国全国锦标赛，并在 1947 年举办了首届全国青年锦标赛。美国男队在整个 20 世纪 50 年代表现都非常优秀，数次进入汤姆斯杯的决赛。美国女队则包揽了从 1957 年到 1966 年的全部尤伯杯冠军。首届全国大学锦标赛于 1970 年举办。20 世纪 70 年代，职业体育的关注度与收入呈几何级数增长，但公众依旧认为羽毛球运动是一项速度缓慢的闲暇游戏，这是一种误解。

近年来，公众对这项运动的兴趣有了显著提高。ABA 于 1977 年重组，变身为美国羽毛球联合会（United States Badminton Association，USBA）。在 1992 年举行的西班牙巴塞罗那奥运会上，羽毛球成为正式比赛项目。而在 1988 年举行的韩国首尔奥运会上，羽毛球还是表演项目。将羽毛球纳入奥运会项目，对它未来获得流行、认可与成功具有巨大的推动作用。主要出于推广羽毛球运动的目的，USBA 在 1997 年将名称变更为全美羽毛球协会（USA Badminton，USAB）。USAB 目前是代理美国奥委会（United States Olympic Committee）羽毛球事务的国家管理主体。

目前，全世界最好的羽毛球运动员来自中国、韩国、马来西亚和印度尼西亚，以及欧洲一些国家。但美国球员 Tony Gunawan 和 Howard Bach 在加利福尼亚州阿纳海姆市举办的 2005 年羽毛球世锦赛上获得了男双金牌，这是美国史上首个男双世界冠军。一份 1993 年的研究表明，美国有 30 万人定期打羽毛球，而有 76 万人认为羽毛球是他们最喜爱的运动。羽毛球目前是英国首屈一指的运动，注册过的羽毛球运动员高达 200 万。2007 年 1 月，BWF 的成员增加到 156 个。2007 年，世界超级系列赛及总决赛的奖金总额超过 300 万美元。无论是竞赛性的还是娱乐性的羽毛球运动，其未来都显得十分光明。

场地尺寸与标记

羽毛球单打场地的长度是 44 英尺（中国是 13.4 米），宽度是 17 英尺（中国是 5.18 米），如图 1 所示。双打场地的长度是 44 英尺（中国是 13.4 米），宽度是 20 英尺（中国是 6.1 米）。球网在网杆处的高度是 5 英尺 1 英寸（中国是 1.55 米），一直向下倾斜到网中央的最高处，逐渐变为 5 英尺（中国是 1.524 米）。

关于羽毛球场地的表面没有官方标准。场地可以位于室内或室外，场地材料可以是混凝土、沥青、泥土、草地、合成材料或木材。然而，竞争性最强的羽毛球比赛都在室内举行，而且由于大多数大学与其他学校的体育馆目前都使用硬木地板，因此木材成为最常用的表面材料。

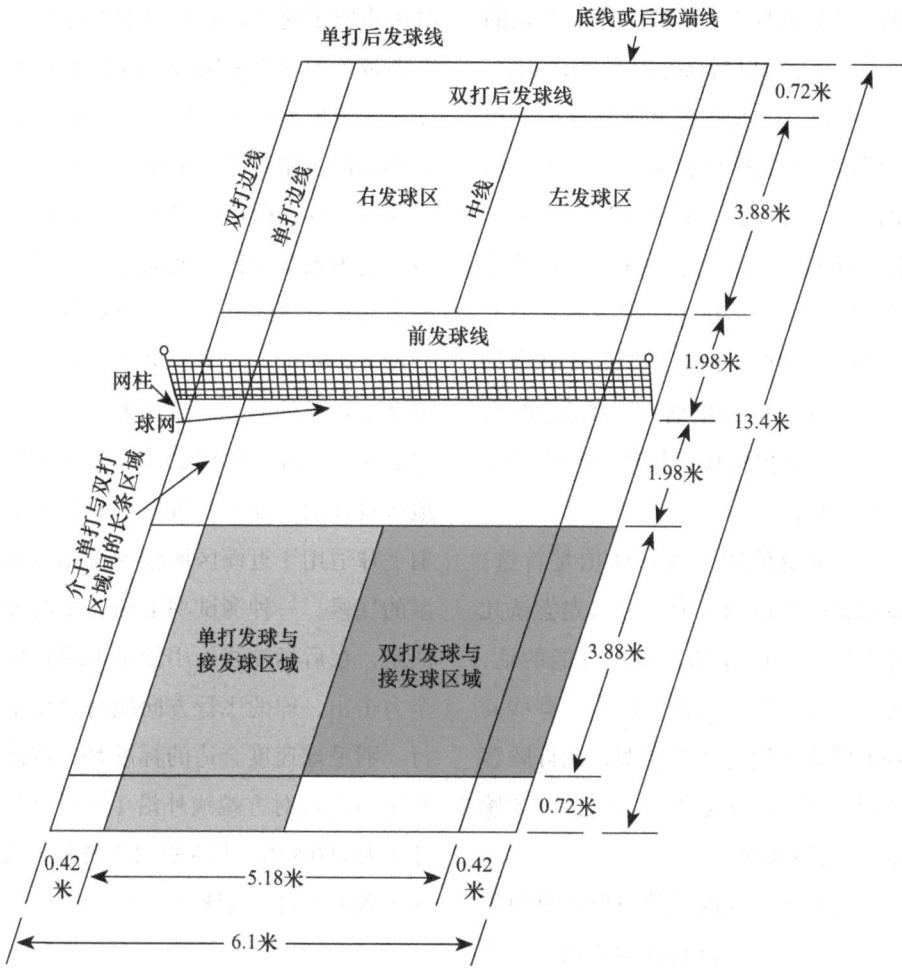

图 1 场地线、区域与尺寸

装备与服装

打羽毛球时穿的球服和球鞋、使用的球拍和球以及场地的费用和质量可以说是千差万别的。推荐使用短裤、T恤、网球鞋或羽毛球专用球鞋、球袜，再加上一件可在寒冷天气保暖的外套。白色比黑色反射热的能力强，因此感觉凉一些。很多球员喜欢在短裤下穿上紧身尼龙短裤或棉质裤垫，以获得支撑和舒适的感觉。另外，发带、护腕和毛巾可以帮助吸掉面部、眼部和手部的汗水。戴上质地柔软的皮手套通常可以增强握力和提供缓冲。

由硼、碳或石墨材质制成的，重量更轻的较新款球拍通常为整拍一体化设计，能满足各种不同的硬度要求。也有宽体和特大尺寸的球拍，目的是减少空气阻力和扭矩。拍线通常为尼龙或合成材料。拍柄粗细的选择全凭个人喜好。拍柄粗细合适的标准是，持拍手的大拇指应该接触到中指的第一个指关节。

一把价位适中的好球拍是首选。在购买一把球拍之前，可以先尝试几种不同类型的球拍，如果可能的话，找一位朋友借把球拍先用用。有些商店提供演示用的球拍模型，允许顾客试用。您可以反复比较，选择一款感觉最舒服的球拍。

羽毛球可以由天然或合成材料制成。尼龙和羽毛材料的羽毛球在生产时就指定了速度，通常由羽毛球头上一圈带子的颜色来区分。红色表示速度快，蓝色表示速度适中，而绿色表示速度慢。体育课上主要使用尼龙材质的羽毛球，而羽毛材质的羽毛球则多半是为比赛设计。羽毛材质的羽毛球必须有 16 根羽毛固定在球托部，而且重量必须在 4.74 ~ 5.50 克之间。对于羽毛材质的羽毛球，其重量决定了它的速度。较轻的羽毛球是为高海拔地区设计的，如墨西哥城。而较重的羽毛球适用于近海区域较为炎热与潮湿的气候。一种测试羽毛球速度的方法是，在后场端线处用低手发球将球全力击出，球的飞行方向应与边线平行。羽毛球速度合适的标准是，球落在场内距离对方端线外沿 1 英尺 9 英寸（大约 0.5 米）与 3 英尺 3 英寸（大约 1 米）之间的区域内。

比赛规则与计分规则

决定哪方率先发球的方法有：掷硬币，旋转球拍，将羽毛球抛或击向空中后看它落地时球头的朝向。在以上方法中获胜的一方可以选择发球或接发球，也可以选择自己喜欢的场地。无论您做何选择，您的对手都将自动获得另一种选择。

比赛开始时由发球方在右半场发球，比赛双方的比分均为 0。比赛进行期间，得分为偶数的一方应从右半场发球。任何发球违例都会导致发球方丢失发球权，并且其对手得分。

发球方和接发球方都必须站在斜对角发球区内发球和接发球，脚不能触及发球区的界线。一旦接发球方站好位置，发球方只有一次下手（位于腰部下方）发球的机会。接发球方可以站在正确半场的任意位置，但在发球之前双脚都必须与地板有接触。如果接发球方已试图接发球则被认为已做好准备。每个回合结束或交换发球权后，发球方要根据其得分是奇数还是偶数来决定正确的发球半场。每次发球前必须宣报比分，而且发球方的分数在前。如果发球击中球网顶端并继续落到对方的接发球区内，发球有效且比赛继续。

在单打与双打中，首次发球必须在右侧发球区，因为此时发球方的得分是0，为偶数。比赛开始之后，只要发球方得分是偶数（2、4、6、8等），发球在右侧发球区进行。如果发球方得分是奇数（1、3、5、7等），则发球在左侧发球区进行。总而言之，发球方的得分决定了从哪个发球区发球。

双打开始时，两名搭档分别站在左半场和右半场，当前位置就是他们各自的偶数位置。当得分变为奇数时，搭档双方的位置与偶数位置是相反的。连续得分后，发球方换到另一发球区，并将球发向对手的斜对角发球区。当对手失去发球权时，您的得分指明了应该从哪侧发球区进行发球。

如果己方一名搭档失去了发球权，这称为换发球，即对手现在拥有发球机会。和单打比赛一样，双打比赛也采用21分制。

单打的发球区既长且窄。单打边线和双打边线之间的细长地带属于界外，而单打端线和双打后发球线之间的细长地带属于界内。发球必须越过前发球线——距离球网6.5英尺（约2米），但不能超过后场端线。边线也是场地的一部分，属于界内。落在边线上的球算是压线好球。请阅读步骤9中关于单打接发球与单打获胜策略的内容。

双打的发球区既短且宽。单打边线和双打边线之间的细长地带属于界内，而单打端线和双打后发球线之间的细长地带属于界外。然而一旦回合开始，单打端线和双打后发球线之间的细长地带就变成界内了。发球必须越过前发球线——距离球网6.5英尺（约2米），但不能超过双打的后发球线。步骤10中讲述了双打接发球与双打获胜的相关策略。每局先获得21分的一方获胜。

20世纪90年代早期，IBF针对单打、双打与混双采用了一种新的计分方法，即每局打到9分，5局3胜。与原来的方法不同，新方法既没有设定平局，也不要求每局至少赢2分以上。这次尝试是暂时性的，而且收效甚微，因此在接下来的 10 年中依然保留了老式的计分方法。WBF 现在支持取代老式的计分方法，即每局打到 11 分或 15 分获胜，而且拥有再赛（setting）即加分赛这个独特的机制。之前的 IBF 在其年度大会上投票表决，决定针对 IBF 负责裁判工作的所有赛事均采用每球得分制。USAB 理事会投票决定，针对所有 USAB 国际排名赛事采用这种计分方法。至于希望由 USAB 负责裁判的非排名赛事，当时并不要求使用每球得分制。做出这种改变的根本原因，是为了让羽毛球运动更受现场观众与电视观众的欢迎，同时提高大众对于该项运动的接受与了解程度。据初步观察，采用每球得分制后，比赛时长最多可以缩短 25%。在比赛时间变短的情况下，要求球员更加专注和快速得分。球员要想赢得比赛，必须做出调整，但他们也会从这种刺激和充满压力的形式中获益。

2006 年 8 月，BWF 与 USAB 修订并采用了经过简化的新版每球得分制，后面的"简化的新版每球得分制"一节中对此进行了详细说明。

总之，如果您的对手出现以下情况，您将获得这一分。

- 发球违例；
- 接发球失误；
- 将球打出规定的边线；
- 将球打到球网上；
- 回球时两次或多次击球；
- 球在空中飞行时，身体或球拍触网；
- 球落在自身半场的有效区域内；
- 故意持球；
- 故意阻碍或干扰您的回球；
- 脚、身体或球拍在球网下过界；
- 在球网上方过网击球；
- 使用球拍以外的任何部分触球；
- 发球或接发球时，一只或两只脚离地。

必须重赛的分数叫作重发球（let）。这种情况应该极少出现，通常是由于某些外部干扰造成的。

简化的新版每球得分制

计分方法

- 一场比赛 3 局 2 胜，每局 21 分。
- 赢得一个回合的一方得一分。
- 打到 20 平后，一方领先 2 分即算该局获胜。

- 打到 29 平后，先拿到 30 分的一方即算该局获胜。
- 当前局的获胜方在下一局中率先发球。

局间休息与换边

- 当领先的一方获得 11 分时，双方球员有 60 秒的休息时间。
- 每局之间有 2 分钟的休息时间。
- 决胜局中，任意一方得到 11 分时，双方球员交换场地。

单打计分

- 每局开始时和当发球方的得分为偶数时，发球方从右侧发球区开始发球。当发球方的得分为奇数时，发球方从左侧发球区开始发球。
- 如果发球方赢得回合，则发球方得一分，然后交换发球区再开始发球。
- 如果接发球方赢得回合，则接发球方得一分，同时变为新的发球方。如果得分为偶数，新发球方从右侧发球区开始发球；如果为奇数，则从左侧发球区开始发球。

双打计分

- 在双打比赛中，每方每回合只有一人有发球机会。发球方的得分决定了由谁来发球。当发球方出现失误，发球权就将交到对方手上，同时对方的得分决定了接下来应该从哪个发球区开始发球。
- 每局开始时和当发球方的得分为偶数时，发球方从右侧发球区开始发球。当发球方的得分为奇数时，发球方从左侧发球区开始发球。
- 如果发球方赢得回合，则发球方得一分，然后同一名发球员在交换发球区后再继续发球。
- 如果接发球方赢得回合，则接发球方得一分，同时变为新的发球方。
- 上回合负责发球的接发球方球员，保持发球时所在的半区不变。
- 发球方得分时，两名搭档球员要交换半区。
- 如果球员在发球区中犯错，一旦被发现就会失分。

热身与放松

良好的热身应该能让身体紧张起来，但又不会让身体感到疲劳。一般的热身运动能够增强血液循环，比如短时间的跳操或围绕球场慢跑。可以将跑向球网和倒退离开球网相结合，也可以面对球网横向移动。

肌肉发热而且血液循环量增大后，就可以开始拉伸上半身、肩膀、背部和腿部。在打球之前，慢慢完成一系列的基础拉伸动作，不要进行弹跳。研究表明，被动或静态的拉伸效果更好，导致受伤的可能性也很低。每次拉伸维持大约 20 秒时间。

现在可以开始击球了。花费 5～10 分钟完成一些轻松的击球动作，同时练习特定的手法。击球从中场开始，并与您的练习搭档或对手有意识地交换练习角色；然后开始正手与反手的头顶击球，从而进一步进行热身，拉伸肩膀、上半身与腿部。接下来横向移动，努力去接身体两侧的来球。从后场底线附近移动到网前，接搭档的回球，然后让搭档从前场移动到后场。与搭档交换角色，练习高远球、吊球与杀球。练习后场吊球，同时让搭档在球网处使用下手打出向上的高远球。

在剧烈的体育运动之后，放松活动可以让身体逐渐恢复到常态。围绕球场走 5 分钟，直到心率恢复到每分钟约 100 跳，然后重复拉伸练习。这种放松活动有助于去除在激烈活动期间堆积的乳酸，同时防止肌肉酸痛。近期研究表明，在剧烈的体育活动之前、期间与之后喝运动饮料也可以防止肌肉酸痛。脱水是肌肉抽筋的主要原因，因此还应该补充足够的水。

羽毛球运动需要一定的体能。在水平接近的比赛中，体能经常成为左右胜负的关键因素。训练计划中的主要注意事项包括锻炼、健康饮食、充足睡眠、休息与练习。步骤 11 讲述了水平较高的球员需要制订更加严格和更有条理的训练计划。

图 解

----------► 球员的跑动路线

——————► 羽毛球的飞行轨迹

A, B, C, D 球员

■ 目标区域

1, 2, 3 击球的顺序

步骤 1 握拍与步法

"如蝴蝶般漂移，如蜜蜂般出击"，前重量级拳王阿里的这句话经常被引用。这句话也很好地描述了在羽毛球运动中应该如何移动与击球。拥有良好的步法，便可以在付出最小努力的情况下最快地接到球，就像蝴蝶一样轻盈。你可以迅速到达最佳位置并挥拍击球，就像蜜蜂一样迅捷，同时保持良好的平衡与身体控制。

此步骤主要训练手和脚的技巧。稍后将会讲述正手、反手、发球与其他击球的握拍方式，并附上图示。让握拍与步法成为习惯需要大量重复性练习，以及在运动过程中进行一些额外的思考。

> **译者注：** 本书在后面的内容中均假定球员为右手持拍，不再强调。

握拍

熟悉球拍（图1.1）的感觉与重量，可以让球员在比赛中更加得心应手。体会或者感觉球拍与身体的距离。这是眼-手-球拍协调的开始，也是正确击球的基础。初学者在挥拍时经常会打不到球。这种对球或时机的感觉在击球中非常重要。初学者击球时用的可能是拍框或正确击球区以外的区域。使用球拍练习击球、封网、垫球或捡球，可以增强握拍技术。为了提高手眼协调能力，你可以自己设计握拍练习，

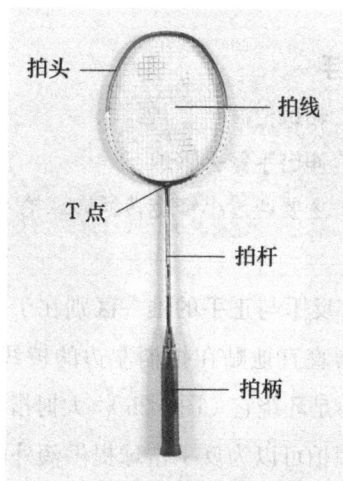

拍头
拍线
T点
拍杆
拍柄

图1.1 球拍的各个部分

也可以使用此步骤中给出的练习。

优秀的羽毛球运动员会经常在手中转动球拍。由于现代的球拍较轻，通过小臂旋转带动手腕移动就可以使用，因此可以更快地操控球拍。除了球拍较轻之外，羽毛球也很轻盈，从而可以更好地使用手腕而不会失控。挥拍击球时，拍头的速度非常之快，这意味着需要紧握球拍。但也不能过紧地握住球拍，应以手腕能够灵活和轻松转动、同时又不会脱离惯用手的掌控为宜。

正手握拍有时又被称为握枪或握手式握拍（图 1.2a）。就像和朋友握手一样握住拍柄，右手食指与其他四指分开，就像要扣下手枪的扳机一样。如果球拍与地板垂直，就说明握拍姿势正确。这种握法与网球中的东方式正手握拍几乎完全一样，其优点是无须改变握拍即可完成各种击球。

a   b

图 1.2 握手式握拍

正手	反手
1. 和球拍握手	1. 和球拍握手
2. 伸出手臂去够球	2. 将大拇指直直地贴在拍柄左边的棱线上
3. 主要通过小臂旋转翻转球拍	

反手与正手的惟一区别在于，大拇指直直地贴在拍柄左边的棱线上，而不是环绕它（图 1.2b）。大拇指朝上的握拍可以为反手击球提供额外的力量支持与杠杆作用。一点轻微的旋转再加上手指的压力，便可以减轻握拍手臂的肘部、腕部与手部的压力。只要正确执行，这种微小的改变可以增强反手击球的力量，并让移动变得更加轻松。

误区

变为反手击球时，来不及改变或调整握拍。

纠正

使用握手式（开枪式）握拍，只要略微调整便可从正手击球变为反手击球。反手击球时唯一的改变是，大拇指直直地贴在拍柄左边的棱线上，而不是环绕它。

做好准备姿势

做好带有预判性的准备姿势，可以让你在确定对手回球方向后尽快移动到位。处于准备姿势时，双脚平行或前后站位，后者要求右脚略微位于左脚之前。身体重心放在双脚的前脚掌上，并分散到与肩同宽的区域，同时膝盖微微弯曲（图1.3）。拍头抬高置于身前，站位略微偏反手侧。采用握手式或开枪式握拍。

图 1.3　准备姿势

误区

球飞到身后了。

纠正

举起球拍，在确定对手的回球方向后尽快移动。

球员可以根据自身的风格与需要来改变准备姿势。有些球员两脚略微分开站立，准备好从中场位置移动到侧方、网前或后场。这对于接发球的球员很有必要，因为他必须双脚前后错开，以防对手偷发后场平高球（请参考步骤 2 中关于发球的内容）。在这种等待姿势中，右脚在后，左脚在前。双打接发球时，球拍的位置通常比单打略高，以便对高远球、平高球或效果不佳（高度过高）的短球等发球快速做出反应。单打发完高远球后，准备姿势应该是双脚错开站立，右脚大约位于左脚前方 6 英寸（15 厘米）。

准备姿势练习　准备姿势

摆好准备姿势，保持双脚与肩同宽，膝盖略微弯曲，身体重心落到双脚的前脚掌上。检查你搭档的姿势，同时让他也检查你的姿势。请参照第 3 页的图 1.3。重复 5 次。

成绩检查

● 举起拍头，站位略微偏反手侧。

● 举起非持拍手，略微弯曲。

● 双脚与肩同宽，将身体重心放到双脚的前脚掌上。

成绩计分

5 个准确的准备姿势 = 5 分

3 ~ 4 个准确的准备姿势 = 3 分

1 ~ 2 个准确的准备姿势 = 1 分

你的得分 ____

脚步移动

在羽毛球运动中，需要移动脚步才能打到球。优秀步法的重点是，花费最小的代价尽快够到球。掌握优秀的步法后，可以迅速到达最佳位置并挥拍击球，同时保持良好的平衡与身体控制。下面列出在羽毛球场上可以使用的步法技术。

跨步（图 1.4）。从准备姿势开始，左脚始终作为中轴脚，而右脚（持拍手一侧的脚）在前。使用右臂和右腿够球可以节约时间，而且右腿随后的移动或起跳有助于迅速复原。向前或向后移动时，必须以中轴脚为中心，使用右腿去够球，再使用球拍拦截球。前后场的对角线移动可以作为你的目标。右腿在前，跨一小步，并步（左脚向目标方向滑动），然后使用正手或反手击球。最后通过连续三步回到中场位置。

并步（图 1.5）。并步主要用于向前移动到网前或者向后移动到左脚一侧。如果想快速移动到后场的反手区，这是一种可选的步法。交换中轴脚，通过右脚带动双脚向后场反手区移动，然后回一个头顶正手或过顶的球。当向上挥拍击打来球时，快速旋转髋部与肩部。双腿交叉，右腿向前摆动。

左腿向后摆动，吸收掉身体落地时的大部分重量，并把你推回到中场。

从准备姿势开始，快速移动到网前，左腿沿对角线方向朝前跨出，目标方向可以是右前方或左前方。

然后向前迈右腿，双腿交叉，几乎像是向球的落点跳一步。这项分为两步的练习可以让你迅速来到网前。接下来右腿与右脚的跟进有助于快速回到中场。

从准备姿势开始，快速移动到网

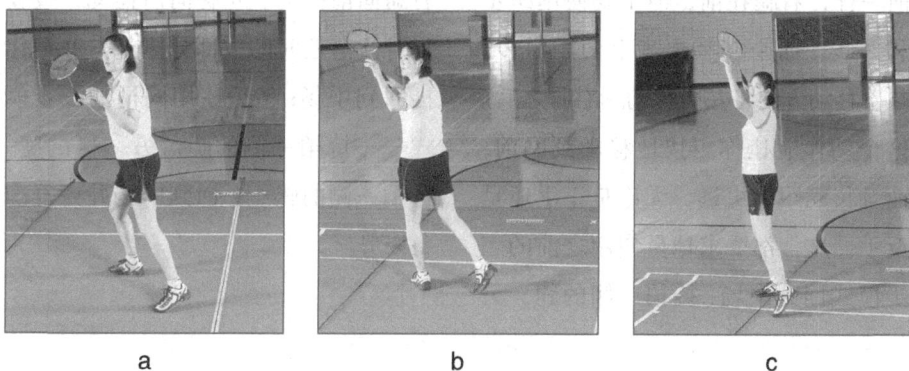

a   b   c

图 1.4 跨步

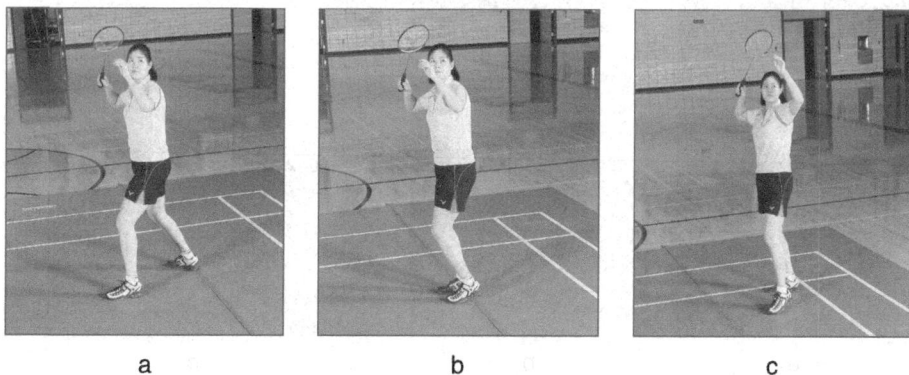

a   b   c

图 1.5 并步

前，左腿沿对角线方向朝前跨出，目标方向可以是右前方或左前方。

然后向前迈右腿，双腿交叉，几乎是向球的落点跳一步。这项分为两步的练习可以让你迅速来到网前。接下来右腿与右脚的跟进有助于快速回到中场。

滑步（图1.6）。从准备姿势开始，以左脚作为中轴脚，而右脚或与持拍手同侧的脚在前。以中轴脚为中心，沿对角线方向向前或向后移动。和之前一样，右腿在前，但不要使用跨步和并步，而是在第二步上使用滑步，顺着移动方向将左脚移动到右脚之后。这个动作能让你更快地移动到网前，而且移动距离更远。无论是正手还是反手回球，都要求球员使用之前的三步模式回到中场：持拍一侧的腿，另

一侧的腿，持拍一侧的腿。双腿交叉步的动作可以帮助你从后场回到中场。

三步回中场的步法（图1.7）。这个动作能让你更快地移动到网前，而且移动距离更远。无论是正手还是反手回球，都要求球员使用之前的三步模式回到中场：持拍一侧的腿，另一侧的腿，持拍一侧的腿。双腿交叉步的动作可以帮助你在后场完成头顶击球后回到中场。当向上挥拍击打来球时，快速旋转髋部与肩部。双腿交叉，右腿向前摆动。左腿向后摆动，吸收掉身体落地时的大部分重量，并把你推回到中场；然后使用同样的三步模式——持拍一侧的腿，另一侧的腿，持拍一侧的腿——回到中场并恢复准备姿势。

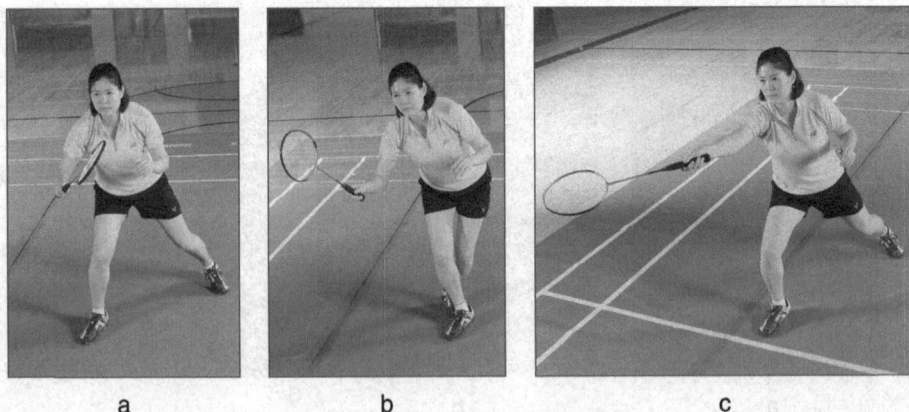

a　　　　　　b　　　　　　c

图1.6　滑步

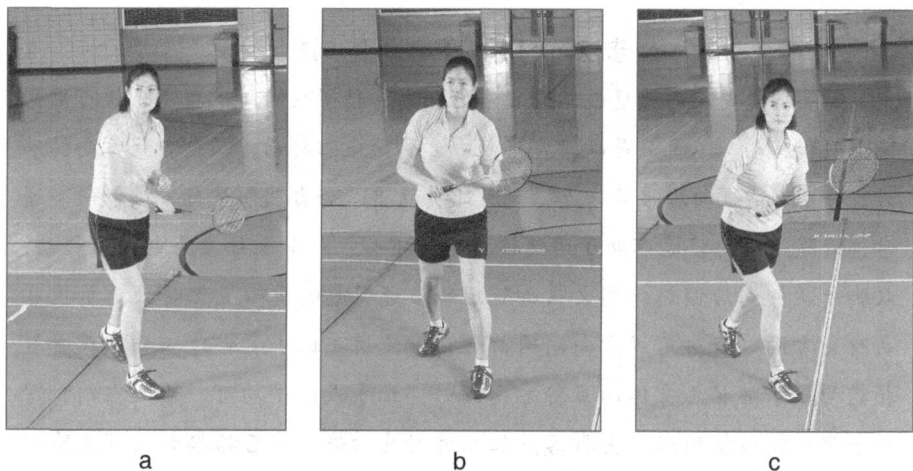

a　　　　　　　　b　　　　　　　　c

图 1.7　三步回中场的步法

步法练习 1　并步 – 滑步交替步法

从准备姿势开始，左脚始终作为中轴脚，而右脚（持拍手一侧的脚）在前。使用持拍一侧的手臂和腿够球可以节约时间，而且右腿随后的移动或起跳有助于迅速复原。以中轴脚为中心向前或向后移动，模仿使用球拍去打落点位于近网处的球。沿对角线方向交替向左右前半场移动。练习从正手握拍变为反手握拍。右腿在前，跨一小步，并步（脚向目标方向滑动），然后使用正手或反手击球。使用三步模式回到中场位置。

成绩检查

● 使用持拍手臂和右腿去够球。

● 从正手握拍变为反手握拍。

● 回到中场。

成绩计分

练习时间持续 5 分钟 = 5 分

你的得分 ____

步法练习 2　重心渐变步法

如果需要更快的速度或跑动更远的距离，稍微改动一下步法，便可更好地上网和移动。不再只是从准备姿势以左脚为中心转动，而是当反方向转动时，将左脚稍微向后移动一点，此时球员的重心会自然向目标方向倾斜。通常，右腿随后的跟进有助于迅速恢复身体重心，但如果让左脚也向前移动，双脚起跳并向后倾斜，那么双脚随后的跟进引起的重心变化会让球员很容易改变方向。沿对角线方向向网前移动，使用持球手臂够球，并从正手握拍变为反手握拍。身体向目标方向倾斜，正手或反手均可，右腿在前，跨一小步。模仿使用球拍去打落点位于近网处的球，然后抬起和放下左脚以回到中场。

成绩检查

- 向网前移动时，从正手握拍变为反手握拍。

- 跨步时右腿在前。

- 回到中场。

成绩计分

练习时间持续 5 分钟 = 5 分

你的得分 ＿＿＿

步法练习 3　滑步步法

做好准备姿势。在这项练习中，左脚将作为中轴脚，而右脚或持拍手一侧的脚在前。以中轴脚为中心，沿对角线方向朝网前移动。从正手握拍变为反手握拍，并模仿使用球拍去打落点位于近网处的球。和之前一样，右腿在前，但不要使用并步或跨步。在第二步上使用滑步，将左脚移动到右脚之后。这个动作能让你更快地移动到网前，而且移动的距离更远。重复模仿在网前的正手与反手击球，使用之前的三步模式（持拍一侧的腿，另一侧的腿，持拍一侧的腿）回到中场。

成绩检查

● 沿对角线向网前移动。

● 从正手握拍变为反手握拍。

● 滑步时右腿在前。

● 回到中场。

成绩计分

练习时间持续 5 分钟 = 5 分

你的得分 ____

步法练习 4 步法与移动

从中场的准备姿势开始，连续触摸球场的 4 个角，每次触摸之后需返回中心位置（图 1.8）。以中轴脚为中心，使用持球手臂与右腿够球，并使用跨步与并步。仅在反手侧交叉双腿，正手侧不需要。练习时间持续 30 秒。

要增加难度

● 在 30 秒内完成尽可能多的接触次数。

● 在每次接触结束时模拟挥拍与击球。

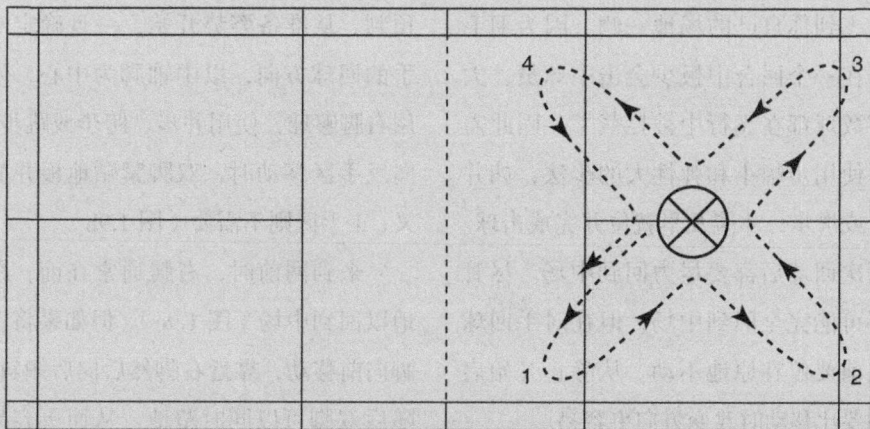

图 1.8 步法与移动练习

● 不拿球拍，使用持拍手接触地板。

● 以中轴脚为中心跨在步跳，结束时模拟击球动作，返回中场。这个跳起的动作需要更多的体力，球员应该尽量控制身体的平衡，特别是在落地时。

要降低难度

● 放慢速度。缓慢地行走或使用并步。

成绩检查

● 使用持球手进行接触。

● 右脚在前。

成绩计分

30 秒内接触场地四角 20 次 = 5 分

30 秒内接触场地四角 15 ~ 19 次 = 3 分

30 秒内接触场地四角 10 ~ 14 次 = 1 分

你的得分 ____

做好击球准备

从准备姿势开始，观察每次球离开对手的球拍的情况，清楚球会从网上飞到你自己的场地一侧。因为羽毛球在一个回合中极少会击中球员，大多数球都在飞行中被拦截了，因此需要使用步幅小和弹性大的步法，如并步或滑步，才能及早就位并完成击球。每次回球后都要尽力回到中场。尽管不可能完全回到中场，但在对手回球之前要停在原地不动。从静止开始启动要比移动时改变方向更容易。

当对手准备击球时，注意观察他的球拍。锁定球的飞行方向后再进行移动（图 1.9a）。不要过快进行猜测或预判。从准备姿势开始，一旦确定对手的回球方向，以中轴脚为中心，使用右脚够球，使用并步、跨步或跳步。向反手区移动时，双脚紧贴地板并交叉；正手区则不需要（图 1.9b）。

来到网前时，右腿通常在前，蹬地以回到中场（图 1.9c）。但如果将左脚向前移动，靠近右脚然后向后倾斜，随后双脚可以同时蹬地，从而更容易改变方向和更快地回到中场。

准备姿势

1. 双脚与肩同宽。
2. 保持脚尖伸直。
3. 双脚成直角或略微前后分开站立。
4. 膝盖弯曲。
5. 身体重心位于双脚的前脚掌上。
6. 举起球拍。
7. 使用握手式（开枪式）握拍。
8. 眼睛盯着球。

a

执行过程

1. 看着球和对手。
2. 以中轴脚为中心。
3. 右脚在前，使用跨步或并步。
4. 只在反手区使用交叉步。

b

随挥动作

1. 使用右手和右腿去够球。
2. 前脚或双脚蹬地。
3. 击球后回到中场。
4. 换到反手区后重复以上三步。
5. 保持平衡。

c

图 1.9　准备姿势与步法

误区

上网时右腿很累。

纠正

拉起身后拖着的腿，使用双腿移动，从而将身体负荷平均分到两条腿上。

缺乏意识或缺少练习通常会导致持拍、恢复准备姿势和场上移动出现问题。很少有球员重视比赛的这些部分。球拍应该成为手的延伸，握拍舒服而牢固，达到"心中无拍"的境界。始终要回到中场位置，这应该成为球员的本能。多花时间反复进行练习，提高在场上移动的速度与效率。

误区

由于无法恢复准备姿势，导致击球或回合不连贯。

纠正

好好锻炼身体，保证在球场上能够迅速和轻松地移动。疲劳经常会导致动作不连贯。每次击球后要迅速返回中场，并在对手回球之前停住不动。在对手击球期间，尽可能把注意力集中在球上。尽力观察对手使用球拍击球的情况，而不要关注他上半身的动作。

球拍与球的控制练习1　握手

与搭档轮流使用球拍进行"握手"，学习开枪式握拍。从将球拍竖着开始。握住拍柄，就像和它握手一样。将球拍拿到手里时，食指与其他手指略为分开，就好像正拿着一把手枪、食指放在扳机上一样。模拟握手时，应该将球拍横放在手掌中，大拇指与食指在拍柄上形成一个V形。这与网球中的东方式正手握拍几乎完全一样。与搭档之间相互检查握拍情况。重复练习5次。

要增加难度

● 练习开枪式握拍时闭上眼睛。让搭档或老师检查你的握拍位置是否正确。

● 将大拇指直直地贴在拍柄左边的棱线上，变为反手握拍。

成绩检查

● 持拍时球拍垂直于地面，边缘朝下。

● 在拍柄上形成 V 形。

● 握牢球拍。

成绩计分

5 次完美的握手式握拍 = 5 分

3 ~ 4 次完美的握手式握拍 = 3 分

1 ~ 2 次完美的握手式握拍 = 1 分

你的得分 ____

球拍与球的控制练习 2　颠球

使用开枪式握拍，用拍面将球弹到空中（图 1.10）。使用球拍的两面将球垂直弹起。这可以让你学会观察球，同时有助于获得球接触拍面的感觉。练习一直持续到能够连续几次成功颠球而不失误为止。练习目标是手掌朝上连续完成 30 次颠球，以及手掌朝下连续完成 30 次颠球。

图 1.10　颠球

要增加难度

● 击球时，手掌交替朝上和朝下。

● 球弹起的高度为 3 ~ 4 英尺（约 1 米）。

成绩检查

● 使用拍线将球弹到空中。

● 举起球拍，控制球的弹起高度，仅为 1 ~ 2 英尺（约 0.5 米）。

成绩计分

手掌朝上，连续完成 20 次以上颠球 = 5 分

手掌朝上，连续完成 10 ~ 19 次颠球 = 3 分

手掌朝上，连续完成 1 ~ 9 次颠球 = 1 分

你的得分 ____

手掌朝下，连续完成 20 次以上颠球 = 5 分

手掌朝下，连续完成 10 ~ 19 次颠球 = 3 分

手掌朝下，连续完成 1 ~ 9 次颠球 = 1 分

你的得分 ____

你的总得分 ____

球拍与球的控制练习 3 抄球

手掌朝上，使用握手式握拍。用球拍将地板上的球捡起或抄起，保持球位于拍面上。将球拍放在球边上，拍面几乎与地板平行（图 1.11）。将球拍快速滑到球下面，转动手腕，将球抄到拍面上。右手持拍的球员通常会从球的右侧抄球。重复练习 5 次。

图 1.11 抄球

要增加难度

● 抄起球并抛到空中，然后用另一只手接住它。

● 手掌朝下，使用反手握拍抄球。

● 尝试分别从右侧和左侧抄球。

要降低难度

● 将羽毛球直放在地板上，羽毛朝下。这样放置的球更容易落在拍面上。

成绩检查

● 保持球位于拍面上。

成绩计分

成功抄球 5 次 = 5 分

成功抄球 3 ~ 4 次 = 3 分

成功抄球 1 ~ 2 次 = 1 分

你的得分 ＿＿＿

球拍与球的控制练习 4　抛球与接球

手掌朝上拿住球拍，并使用握手式握拍。将球放在拍面上。快速举起球拍，将球抛到空中 2 ~ 3 英尺（0.6 ~ 1 米）的高度。当球掉落时，持球手的手掌向上，用球拍接住球。通过降低位于下落羽毛球下方拍面的高度，巧妙地随球一起运动，可以让球逐渐减慢速度，不会从拍面上弹开。完成 5 次抛球与接球练习。

成绩检查

● 检查握拍，确保使用正确的握手式握拍。

● 球停留在拍面上。

成绩计分

成功完成 5 次抛球与接球 = 5 分

成功完成 3 ~ 4 次抛球与接球 = 3 分

成功完成 1 ~ 2 次抛球与接球 = 1 分

你的得分 ＿＿＿

球拍与球的控制练习5　持球

从准备姿势开始，手掌朝上，使用开枪式握拍。将球放在拍线上，使用并步进行移动（图 1.12）。右脚在前，保持球在拍面上不掉下来。抬起左臂以保持平衡。

要增加难度

- 以最快的速度从后场底线移动到网前，同时不能让球从拍面上掉下。

图 1.12　持球

- 与搭档比赛。在拍面上放着球的情况下，从后场底线移动到网前，然后返回，看谁用时更短。

- 使用开枪式握拍，手掌朝下或处于反手位置。将球放在拍线上，然后在底线与球网之间往返。

要降低难度

- 放慢速度，从底线移动到网前，然后返回。

成绩检查

- 使用握手式（开枪式）握拍。

- 保持手掌朝上。

- 右脚在前。

成绩计分

在后场底线与球网之间完成一个往返，中途没有掉球 = 5 分

在后场底线与球网之间完成一个往返，中途掉球一次 = 3 分

在后场底线与球网之间完成一个往返，中途掉球两次 = 1 分

你的得分 ____

握拍与步法的总结

如果能够不假思索地握住球拍，及时恢复准备姿势，并准备好移动到球场的任意一侧，你就向成为一名更好的羽毛球运动员的目标迈出了坚实的一步。在羽毛球运动中，由于球拍较轻，通过小臂旋转带动手腕动作就可以很快地操控球拍。同时羽毛球也较轻，可以更好地使用手腕而不会失控。击球时，握手式（开枪式）握拍可以让手腕的移动更加灵活与轻松。

对于羽毛球场上的移动，关键是通过尽可能少的步数够到球，同时保持良好的平衡与身体控制。经过不懈的练习，正确的步法最终将变为你的习惯，并在比赛中自动施展出来。

在接着学习下一步骤之前，记录下你在本步骤中的练习得分。

准备姿势练习

准备姿势得分 _____（5分）

步法练习

1. 并步－滑步交替步法得分 _____（5分）

2. 重心渐变步法得分 _____（5分）

3. 滑步步法得分 _____（5分）

4. 步法与移动得分 _____（5分）

球拍与球控制练习

1. 握拍得分 _____（5分）

2. 颠球得分 _____（10分）

3. 抄球得分 _____（5分）

4. 抛球与接球得分 _____（5分）

5. 持球得分 _____（5分）

总得分 _____（满分55分）

总分为 55 分，如果你获得 40 分以上的成绩，就可以继续学习下一步骤了。如果你的得分低于 40 分，重复自己认为难度最大的练习。邀请一位教练、老师或有经验的球员对你的技巧进行评估。

步骤 2 中将讲解如何发球。发球是羽毛球运动中最基本的击球方式。它开启了发球方与接发球方之间的对决，任意一方都有可能在发球这一环节上得分。发球的执行效果在很大程度上决定了哪一方赢得比赛。

步骤 2 / 发球

采用新的计分系统后，发球方已经不再拥有以前的优势。事实上，因为发球时拍头必须位于手腕以下，击球必须位于腰部以下，很多球员都认为发球属于防守性击球，因而在比赛开始时往往选择接发球。发球时球是朝上飞的，因此接发球方有机会发起进攻，将球扣杀。发球方也可能出现失误，让接发球方轻松得一分。步骤9中将会讨论与选择发球还是接发球相关的一些战略方法。

羽毛球运动中的发球类似于股票市场中经纪人的角色。优秀的股票经纪人会提供好的建议，并让你的投资收到丰厚的回报。而在羽毛球运动中，好的发球会提高你获得分数与赢得比赛的成功机会。

发球时，必须在腰部以下触球，而且拍杆的指向必须朝下，否则视为发球违例。击球前，整个拍头必须清楚地位于持拍手的任意部位下方。

每个回合开始时都要使用低手发球将球发出，因此可以说这是一种最重要的击球。发球表现不好的话，很难连续得分。此外，球员经常使用这种击球方式与搭档一起进行练习。

高远球是基本的发球方式。使用这种发球时，羽毛球飞得又高又远，落点应该尽量靠近后场底线。因此，判断来球速度并完成稳定击球的难度更大，从而降低了对手的回球质量。发网前球的飞行高度较低，飞行距离较近，通常用在双打中。因为双打发球区比单打发球区短30英寸（76厘米），同时宽18英寸（46厘米），发网前球在双打中似乎更加有效，使用正手或反手均可。介于这两种发球之间的还有发低平球和发平高球。这两种发球可以缩短接发球员的回球时间，有机会快速得分。但它们发出的球都是向上飞的，应该在出其不意的时候使用。此步骤的稍后，以及步骤9和步骤10中，都将谈到应对这些发球方式的回球策略。

发高远球

发高远球类似于一个正手的低手引拍动作。站在中线附近，位于前发球线后4～5英尺（1.2～1.5米）的位置。这个位置不仅靠近中场，而且与场地四个角的距离都相等。双脚应该前后分开站立，右脚在后（图2.1a）。左手的食指与大拇指拿着羽毛球的球托，置于身体前方，高度约在腰部附近。右臂向后引拍，手与手腕呈屈伸状态。

误区

发高远球时总是出单打边线。

纠正

将起始位置往后移到更靠近中场的位置。

松开羽毛球时，将身体重心从后脚转移到前脚，同时放下右臂，在大约膝关节的高度击球（图2.1b）。小臂旋转与手腕动作提供了大部分的力量。

随着球的运行轨迹向上做出随挥动作，并在左肩处停住。

a

准备姿势

1. 使用握手式（开枪式）握拍。
2. 采取前后站位的姿势。
3. 在腰部位置拿球。
4. 将身体重心放在后脚上。
5. 右手持拍做出引拍姿势。
6. 向后弯曲手腕。

b

c

图 2.1 发高远球

执行过程	随挥动作
1. 转换身体重心。	1. 球拍随着球的飞行轨迹继续往上。
2. 手腕发力并使小臂内旋。	2. 将球拍停在左肩的前上方。
3. 在膝关节位置击球。	3. 转动髋部与肩部。
4. 发高远球。	

误区

发球经常下网。

纠正

将拍面的打开角度略微向上调整，以提高发球高度。

发球练习 1 绳上吊球

把一个羽毛球系到一条长约 36 英寸（92 厘米）的绳子上，将绳子绑在两个球网之间的一片空地中，并让球悬浮在大约膝盖的高度。对于刚开始学习发球的球员，这个高度应该合适。羽毛球初学者在发高远球时，右手持拍击打左手放下的球的时机偶尔会掌握不好。借助绳上吊球的方法，初学者可以无限次地练习低手发球。右臂从向后引拍的姿势开始，手与手腕呈屈伸状态。

松开羽毛球时，将身体重心从后脚转移到前脚，同时放下右臂，在大约膝关节的高度击球。球只会在网口附近飞来飞去，从而免去了捡球的麻烦。只要让球停止晃动，便可以进行下一次尝试。完成10次正手发高远球的动作。

要增加难度

- 用左手拿球并松开，尝试在下降过程中击球。将目标定为发球区的特定区域，例如外角。
- 延长绳子的长度，降低发球的位置。

要降低难度

- 缩短绳子的长度，提高发球的位置。

成绩检查

- 开始时双脚前后站立，做出向后引拍的姿势。
- 挥拍时身体重心前移。
- 在膝盖高度将球发出。

成绩计分

使用绳上吊球完成至少10个正手发高远球 = 5分

使用绳上吊球完成5～9个正手发高远球 = 3分

使用绳上吊球完成1～4个正手发高远球 = 1分

你的得分 ____

发球练习2　发高远球

使用握手式握拍，站在球场中线附近前发球线后的位置。在正手与反手发球区内各完成30次正手发高远球。发球的合格标准是，球的落点位于自己发球区斜对面的场地上，并且刚刚过双打的后发球线或者落在单打端线与双打端线之间的细长地带（图2.2）。可以根据需要调整起始位置，但发球时尽可能靠近中场。如果发球出了后场端线，可以将起始位置挪到前发球线后稍微靠后的位置。如果发高远球时一直不够远，一定要转动髋部和肩部。如果有必要，可以增加发球的高度，这样球向上飞到顶点后就会翻转并垂直落

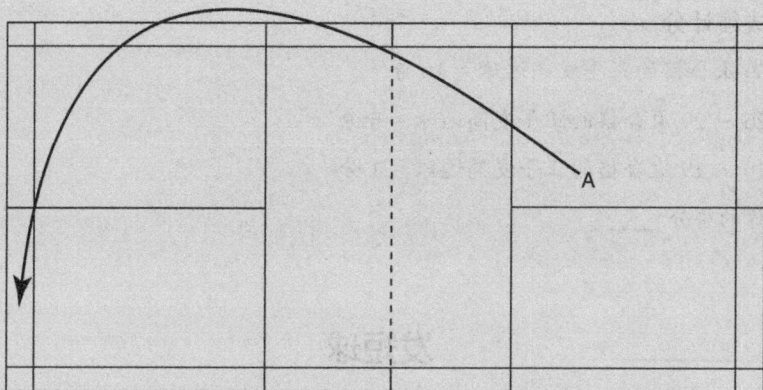

图 2.2 好发球的落点位于自己发球区斜对面的场地上，并且刚刚过双打的后发球线或者落在单打端线与双打端线之间的细长地带。

在接近底线的位置。

要增加难度

● 使用较重的球拍来增加阻力，比如网球拍。

● 使用拍套来增加阻力。

● 使用特别设计为球速偏慢的羽毛球（绿标、蓝标）。

要降低难度

● 发球位置更靠近己侧球网。

● 使用更轻的球拍以提高挥拍的速度，更快速地完成击球。

● 使用速度更快的羽毛球（红标），比如户外用球。

● 对着一面平整的高墙练习发高远球，直到能连续完成较好的击球为止。

● 用一根绳子将羽毛球吊在目标或球网前，高度在膝盖上下。练习低手发高远球，直到能连续完成较好的击球为止。

成绩检查

● 双脚前后站立。

● 发球时转动髋部和肩部，同时用力旋转小臂与手腕。

● 将球发得又高又远。

发短球

发短球与发高远球的准备姿势相同，其主要区别在于球员的站位应该距离前发球线更近，大约在 6 英寸（15 厘米）以内。右臂做出类似的向后引拍姿势，手和手腕呈屈伸状态（图 2.3a）。松开羽毛球时，身体重心从后脚转移到前脚，手臂放下，在腰部以下位置击球。但当右手向前移动时，手腕动作很小或几乎没有，因为此时要将球轻轻推过网，而不是用力击打球（图 2.3b）。随挥动作很短促，发球一结束球拍就停止（图 2.3c）。

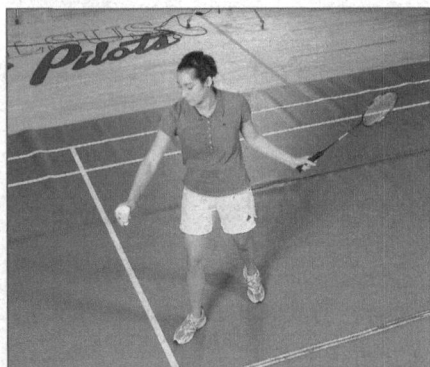

a

准备姿势

1. 使用握手式（开枪式）握拍。

2. 双脚分开，前后站立。

3. 在腰部高度持球。

4. 右臂做出向后引拍的姿势。

5. 手腕翘起。

b

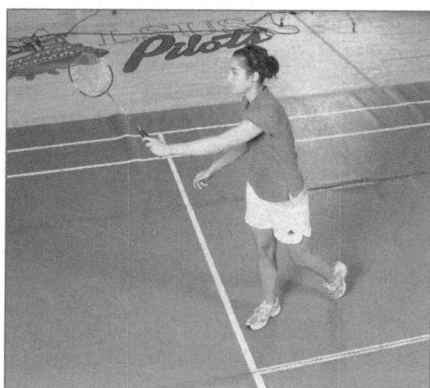
c

图 2.3 正手发短球

执行过程

1. 将身体重心从前脚转移到后脚。
2. 手腕动作很小或几乎没有。
3. 在大腿的高度击球。
4. 将羽毛球轻轻击打过网。
5. 让球的过网高度较低，落点靠近网前。

随挥动作

1. 球拍向上将球击出时，结束动作。
2. 将球拍停在左肩的前方。
3. 转动髋部与肩部。

误区

发短球时，过网的高度总是太高。

纠正

压低拍面，让球的飞行轨迹变得更平。

双脚平行或略微前后站立，在身体前方使用反手发短球（图 2.4a-c）。反手发短球有几大优点。

● 飞行距离较短。

● 能够更快地越过球网，到达对手的场地。

● 往往与球服混在一起，形成一种伪装。

有些球员在反手发短球时实际上是踮起脚尖的，这样可以发出更高和稍平一些的球。

a

准备姿势

1. 使用握手式（开枪式）握拍。

2. 双脚平行或略微前后站立。

3. 在腰部高度持球。

4. 将身体重心同时放在双脚上。

5. 右臂向后引拍。

6. 手腕屈起。

b

c

图 2.4　反手发短球

执行过程

1. 将身体重心放在双脚前脚掌或脚趾上。

2. 手腕动作很小或几乎没有。

3. 在大腿的高度击球。

4. 将羽毛球轻轻击打过网。

5. 让球的过网高度较低，落点靠近网前。

随挥动作

1. 球拍向上将球击出时，结束动作。

2. 将球拍停在左肩的前方。

3. 转动髋部与肩部，结束时双臂朝上举起。

误区

发球前感到害怕和不自然。

纠正

尽可能长时间地关注球。发球时尽力观察球拍击球的过程，不要去看对手的身体移动。

发球练习 3　发短球

使用握手式握拍，站在球场中线附近前发球线后不远的位置。在正手与反手发球区内各完成 30 次正手发短球。发球的合格标准是，球的落点位于自己发球区斜对面的场地上，并且刚刚过双打的前发球线（图 2.5）。发球时尽可能靠近己方的前发球线。如果发球下网，可以将起始位置从前发球线稍微后移一点。如果发短球时一直不能进区，尽可能在身体前方完成击球，因为这样可以缩短到对手场地的飞行距离。将羽毛球推送到 T 点（两条前发球线与中线的交叉处）是最短路径。在另一发球区内使用反手完成 30 次发短球。使用反手发短球时，踮起脚尖可以获得更高的发球起点，从而让羽毛球以更平的飞行轨迹越过球网。

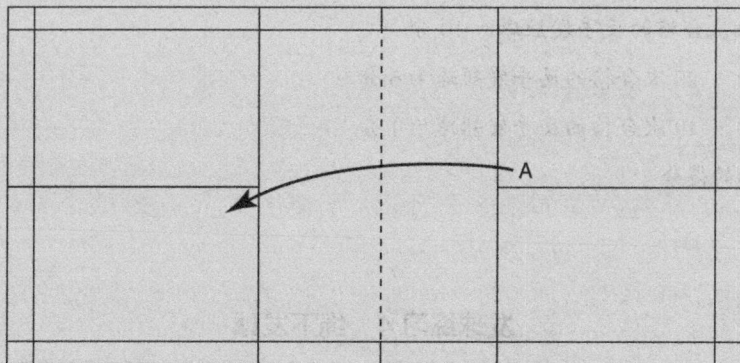

图 2.5　好发球的落点位于自己发球区斜对面的场地上，并且刚刚过双打的前发球线。

要增加难度

● 从中线开始，在发球区的各个位置上尝试发短球。

● 尝试闭上眼睛发反手短球。用心体会发球的感觉。

要降低难度

● 发球位置更靠近己侧球网。

● 弯曲右臂的肘部，从而缩短杠杆，让球更靠近身体。

● 如果发球的落点过短，使用速度更快的羽毛球（红标），比如户外用球。

● 如果发球过高或过长，使用专门设计的速度更慢的羽毛球（绿标、蓝标）。

成绩检查

● 如果使用正手发球，双脚前后站立；如果使用反手发球，双脚平行站立。

● 如果使用正手发球，在大约腰部的高度释放球；如果使用反手发球，在球拍前方释放球。

● 如果使用正手发球，在大腿的高度击球；如果使用反手发球，在髋部的高度击球。

成绩计分

30 次合格的正手发短球 = 10 分

20 ~ 29 次合格的正手发短球 = 5 分

10 ~ 19 次合格的正手发短球 = 1 分

30 次合格的反手发短球 = 10 分

20 ~ 29 次合格的反手发短球 = 5 分

10 ~ 19 次合格的反手发短球 = 1 分

你的得分 ____

发球练习 4 绳下发球

在球网上方吊一条长约 18 英寸（46 厘米）的绳子，方向与网口平行。在绳子下方发短球，并将球推送到正确的发球区中。将大多数球发到 T 点（两条前发球线与中线的交叉处）。这对于接发球方可能是最短距离，球将更快地到达对手的半场，从而减少对手的反应时间。这样做还可以减小对手的回球角度。完成正手发短球与反手发短球各 10 次。接着再完成 10 次发短球，不断交替使用正手与反手。

要增加难度

● 将目标定在发球区的特定区域内，例如外角。

● 降低绳子的高度，让发球能通过的区域变得更小。

要降低难度

● 提升绳子的高度，让发球能通过的区域变得更大。

● 到距离球网更远的位置发球。

成绩检查

● 双脚前后站立，站在靠近前发球线的位置。

● 引拍时身体重心前移。

● 在腰部以下击球。

成绩计分

在绳下正手将球发到正确的场地中至少 6 次 = 5 分

在绳下正手将球发到正确的场地中 4 ~ 5 次 = 3 分

在绳下正手将球发到正确的场地中 2 ~ 3 次 = 1 分

你的得分 ____

在绳下反手将球发到正确的场地中至少 6 次 = 5 分

在绳下反手将球发到正确的场地中 4 ~ 5 次 = 3 分

在绳下反手将球发到正确的场地中 2 ~ 3 次 = 1 分

你的得分 ____

在绳下交替使用正手与反手将球发到正确的场地中至少 6 次 = 5 分

在绳下交替使用正手与反手将球发到正确的场地中 4 ~ 5 次 = 3 分

在绳下交替使用正手与反手将球发到正确的场地中 2 ~ 3 次 = 1 分

你的得分 ____

你的总得分 ____

发低平球与平高球

如果你发短球暂时不稳定，或者对手已经预判到你要发短球，这时可以偷发低平球和平高球来让对手出乎意料。

误区

接发球方似乎能够冲上网扑杀你的发球。

纠正

不断变换发球的类型、方向和落点。

发低平球（图 2.6a–c）是一种飞行高度较低且飞行轨迹较平的发球方式。发低平球的优点在于速度快与出乎对方意料。右臂保持向后引拍的姿势，手与手腕翘起。释放球时，将身体重心从后脚转移到前脚，并放下手臂，在腰部的高度完成击球。当右手向前移动时，小臂迅速旋转带动手腕发力，将球突然迅速击出。随挥动作比发短球要长，发球完成时球拍停在上升过程中。发低平球与平高球时非常接近于发球违例（即过腰）。球员在发低平球与平高球时，应该避免拍头的触球点高于右手的任意部分或腰部。

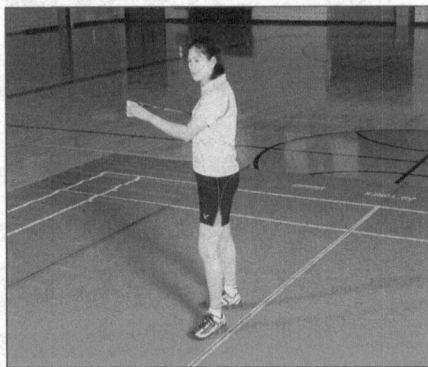

a

准备姿势

1. 采用握手式（开枪式）握拍。
2. 双脚前后站立。
3. 持球高度大约在腰部。
4. 将重心放在后脚上。
5. 右手向后引拍。
6. 手腕翘起。

b

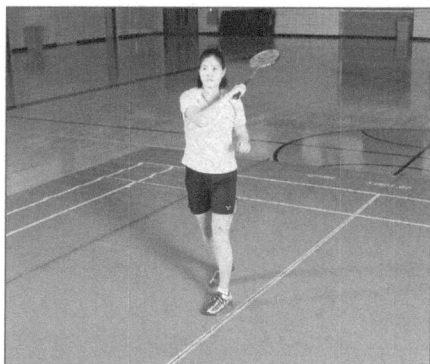

c

图2.6　发低平球

执行过程	随挥动作
1. 转换重心。	1. 球飞出时，球拍在上升的过程中停止。
2. 小臂迅速旋转，带动手发力。	2. 快速完成引拍，恢复到准备姿势。
3. 在大腿的高度击球。	3. 双臂均朝上举，以防对手快速回球。
4. 发出又快又低又平的球。	

误区

　　感觉到发球时好时坏、疲劳或者缺乏自信。

纠正

　　将自己调整到最佳状态，集中精力。疲劳通常会导致发球不稳定。通过精神与身体方面的练习可以获得稳定性与自信心。

　　发平高球类似于发短球，但发球的瞬间需要快速闪动手腕（图2.7a-c）。同样地，开始时右臂向后引拍，手与手腕翘起。释放球时，将身体重心从后脚转移到前脚，并放下手臂，在腰部以下完成击球。当右手向前移动时，手腕突然闪动发力将球击出。发平高球的关键在于掌握击球时的角度，以免球高缺乏攻击力，太低则易遭受对方拦截。随挥动作比发短球要长，这一点与发低平球类似。

准备姿势

1. 采用握手式（开枪式）握拍。
2. 双脚前后站立。
3. 持球高度大约在腰部。
4. 将重心放在后脚上。
5. 右手向后引拍。
6. 手腕翘起。

a

b

c

图 2.7　发平高球

执行过程

1. 转换重心。
2. 小臂迅速旋转，带动手腕发力。
3. 在大腿的高度击球。
4. 发出飞行高度较高、对手够不着的球。

随挥动作

1. 球飞出时，球拍在上升的过程中停止。
2. 快速完成引拍，恢复到准备姿势。
3. 双臂均朝上举，以防对手快速回球。

误区

接发球方的站位非常靠前，几乎就在前发球线上，让发球方能够成功地发出低平球或平高球。

纠正

如果对方从略远的位置发球，那么就将接发球的位置调整到前发球线后2～3英尺（0.6～0.9米）的位置。

误区

发球时，引拍后打不到球。

纠正

用绳子吊着一个羽毛球，大约在膝盖的高度。牢牢地抓住绳子或者将它挂在网上，做几次引拍练习。还有几种可行的方法是：缩短引拍距离，缩短手握拍柄的长度，或者从较低的高度释放球。

使用反手也能有效地发出低平球与平高球，因为这两种发球主要依靠突然的节奏变化，并且在触球的最后一刻才将球发出。因为准备姿势与低平的反手发短球完全一样，可能会出乎对手的意料，反手发低平球与平高球具有一定的欺骗性。

发球练习 5 发低平球与平高球

使用握手式握拍，站在球场中线附近前发球线后的位置（图2.8）。在两边发球区内各完成30次正手发低平球和30次正手发平高球。发低平球的合格标准是，球飞得又低又平，落点位于对手发球区的反手侧。发平高球的合格标准是，球在飞行时不断翻转，落点较深且同样位于对手发球区的反手侧。可以根据需要调整起始位置，但发球时尽可能靠近前发球线。如果发球下网，可以将起始位置挪到距前发球线稍微靠后的位置。如果发球时一直不够远，一定要通过快速闪动手腕来加速挥拍，将球击出。如果有必要，可以增加发

球的高度，避免对手拦截，同时让
球尽可能落在接近底线的位置。

要增加难度

● 发球时，球交替落在中线附
  近和较深的外角处。

● 交替使用正手与反手完成
  发球。

● 交替练习发低平球与平高球。

要降低难度

● 发球位置距离己侧球网更远。

● 使用速度更快的羽毛球（红标），比如户外用球。

图 2.8　发低平球与平高球的练习

成绩检查

● 使用低手发球。

● 从大约腰部的高度将球击出。

● 发球时通过小臂的快速旋转使手腕发力，加速挥动球拍。

● 大约在大腿的高度击球。

● 发低平球的速度很快，飞行轨迹既低且平；发平高球时，球在飞行时不
  断翻转，对手无法拦截。

成绩计分

30 次合格的正手发平高球 = 10 分

20～29 次合格的正手发平高球 = 5 分

10～19 次合格的正手发平高球 = 1 分

你的得分 ____

30 次合格的反手发平高球 = 10 分

20～29 次合格的反手发平高球 = 5 分

10～19 次合格的反手发平高球 = 1 分

你的得分 ____

你的总得分 ____

30 次合格的正手发低平球 = 10 分

20 ~ 29 次合格的正手发低平球 = 5 分

10 ~ 19 次合格的正手发低平球 = 1 分

你的得分 ＿＿＿

30 次合格的反手发低平球 = 10 分

20 ~ 29 次合格的反手发低平球 = 5 分

10 ~ 19 次合格的反手发低平球 = 1 分

你的得分 ＿＿＿

发球练习 6　定点发球

在对手的发球区中放一个大纸箱，发球前先观察目标。发短球时，羽毛球的落点以刚过前发球线为宜。发高远球时，球向上飞到顶点后就会翻转并垂直掉落在接近底线的位置。发低平球与平高球时，也要将球发到对手发球区中的目标内。

要增加难度

● 将目标放在发球区的特定区域，例如 T 区。

● 设定更小的目标，例如一个碗、一个拍套，或者一个更小的盒子。

要降低难度

● 设定更大的目标。

● 将目标移动到发球区的各个角落。

成绩检查

● 从双脚前后站立开始。

● 引拍时身体重心前移。

● 大约在腰部的高度击球。

成绩计分

击中目标 5 ~ 10 次 =5 分

击中目标 3 ~ 4 次 = 3 分

击中目标 1 ~ 2 次 = 1 分

你的得分 ＿＿＿

发球练习 7　绳上发球

在球网与对手后场底线之间放 2 个标准排球。在对手发球区的中间系上一条高度约 10 英尺（3 米）的绳子。在绳子上方发高远球，并将球打到正确的发球区中。将大部分高远球发到对手单打发球区中单打端线和双打端线之间的长地带内。羽毛球几乎垂直地掉在地板上，对手必须移动到其后场才能回球。

要增加难度

● 将目标放在单打发球区中单打端线和双打端线之间的长地带内的各个角落。

● 增加绳子的高度。

● 从网前向后移动。

要降低难度

● 降低绳子的高度。

● 向网前移动。

成绩检查

● 从双脚前后站立开始，站在前发球线后大约 3 英尺（1 米）的位置。

● 引拍时身体重心前移。

● 将球打得又高又远。

成绩计分

在绳子上方发球到正确的场地中至少 6 次 =5 分

在绳子上方发球到正确的场地中 4 ~ 5 次 = 3 分

在绳子上方发球到正确的场地中 2 ~ 3 次 = 1 分

你的得分 ＿＿＿

接发球

接发球环节非常重要，它在很大程度上决定了对阵双方谁能获得这一分。出色的回球能让对手得分的可能性降低。每次接发球都应该要求高质量，尽管容许失误，但要迫使对手回球质量不高。

接发球时应该着眼于整片场地，减小对手可能回球的角度。接发球还有一条原则是，接下来给自己尽量充裕的时间，同时尽量缩短对手的反应时间。在单打比赛中，接发球的回球落点可能是场地的四个角。接发球的目标应该是让对手的跑动距离尽可能长。在双打比赛中，接发球的回球落点应该是中场附近单打边线和双打边线之间的细长地带，这可以迫使对手回球的方向朝上，让己方处于攻击态势。如果允许，每次回球的方向都应该朝下，同时迫使对手的回球方向朝上。

误区

对手发高远球时，你回球太短或靠近中场。

纠正

回对手发的高远球时，落点应该位于对手场地的四个角。

误区

对手发短球时，你回球过高。

纠正

将回球的落点打到对手场地的两侧边线处，而且要越过离网最近的对手。

缺少练习通常会导致发球与接发球不稳定或者落点不佳。很少有球员能够给予发球与接发球环节足够的重视。多花时间进行练习，将单打与双打的发球及接发球技术磨炼得准确而高效。

接发球练习1 场地四角练习

球员A发高远球，球员B在右发球区中接发球（图2.9）。球员B尝试将球打回到单打场地的四个角之一。在每个角上放置一个目标，比如一条毛巾或一个拍套。也可以使用垃圾桶作为目标，让球员进行"投篮"。接发球方每次只要击中目标即得1分。完成10次发球与接发球后，双方都换到另一侧的发球区。球员A发高远球，球员B在左发球区中接发球。球员B尝试将球打到球员A的单打场地的四个角之一。

成绩检查

● 观察回球的落点，评估从右发球区回球到对手单打场地四个角的准确度。

● 观察回球的落点，评估从左发球区回球到对手单打场地四个角的准确度。

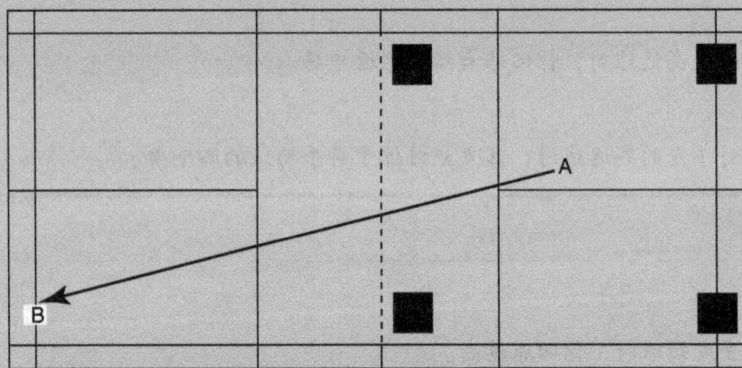

图2.9 球员A发球给球员B

成绩计分

击中目标10次 =5分

击中目标7～9次 =3分

击中目标4～6次 =1分

你的得分 ＿＿＿

接发球练习2 头顶高远球与吊球回球

球员A发高远球，球员B在右发球区接发球。球员B尝试如下回球：首先回一个正手头顶高远球，让球直飞对手的左后场；然后再回一个正手头顶吊球，将球吊到对手的左前场。在每个角上放置一个目标，比如一条毛巾或一个拍套。也可以使用垃圾桶作为目标，让球员进行"投篮"。接发球方每次只要击中目标即得1分。完成10次发球与接发球后，双方交换角色。当球员A与B都尝试过从右侧单打场地进行回球后，将练习扩展到包括从左侧场地进行回球。

成绩检查
● 观察回球的落点，评估回球到对手右侧单打场地两个角的准确度。
● 观察回球的落点，评估回球到对手左侧单打场地两个角的准确度。

成绩计分
击中目标10次 =5分

击中目标7 ~ 9次 = 3分

击中目标4 ~ 6次 = 1分

你的得分 ____

接发球练习3 针对发短球的低手吊球回球

球员A发低的短球，球员B在右发球区接发球。球员B尝试如下回球：首先回一个低手吊球，让球飞到对手的左后场；然后再回一个低手吊球，将球吊到对手的左前角。在每个角上放置一个目标，比如一条毛巾或一个拍套。也可以使用垃圾桶作为目标，让球员进行"投篮"。接发球方每次只要击中目标即得1分。完成10次发球与接发球，而且5次接发球到左侧、5次接发球到右侧后，双方交换角色。现在轮到球员B发球给球员A。当球员A与B都尝试过从右侧单打场地进行回球后，将练习扩展到包括从左侧场地进行回球。

成绩检查
● 观察回球的落点，评估从己方右侧场地回球到对手双打场地四个角的准确度。

● 观察回球的落点，评估从己方左侧场地回球到对手双打场地四个角的准确度。

成绩计分

击中目标 10 次 =5 分

击中目标 7 ～ 9 次 = 3 分

击中目标 4 ～ 6 次 = 1 分

你的得分 ____

接发球练习4　针对发短球的低手推球回球

球员 A 发低的短球，球员 B 在右发球区接发球。球员 B 尝试如下回球：首先回一个低手推球到对手的左侧中场，然后再回一个低手推球到对手的右侧中场。在中场的每一侧放置一个目标，比如一条毛巾或一个拍套。也可以使用垃圾桶作为目标，让球员进行"投篮"。接发球方每次只要击中目标即得 1 分。完成 10 次发球与接发球，而且 5 次接发球到左侧、5 次接发球到右侧后，双方交换角色。现在轮到球员 B 发球给球员 A。当球员 A 与 B 都尝试过从右侧双打场地进行回球后，将练习扩展为包括从左侧双打发球区进行回球。

成绩检查

● 观察回球的落点，评估从己方右侧场地回球到对手双打场地每个中场区域的准确度。

● 观察回球的落点，评估从己方左侧场地回球到对手双打场地每个中场区域的准确度。

成绩计分

击中目标 10 次 =5 分

击中目标 7 ～ 9 次 = 3 分

击中目标 4 ～ 6 次 = 1 分

你的得分 ____

接发球练习 5　针对发平高球的高手杀球回球

　　球员 A 发平高球，球员 B 在右侧双打发球区接发球。球员 B 尝试如下回球：首先回一个高手杀球到对手的左侧中场，然后再回一个高手杀球到对手的右侧中场。在中场的每一侧放置一个目标，比如一条毛巾或一个拍套。也可以使用垃圾桶作为目标，让球员进行"投篮"。接发球方每次只要击中目标即得 1 分。完成 10 次发球与接发球，而且 5 次接发球到左侧、5 次接发球到右侧后，双方交换角色。现在轮到球员 B 发球给球员 A。当球员 A 与 B 都尝试过从右侧双打场地进行回球后，将练习扩展为包括从左侧双打发球区进行回球。

成绩检查

- 观察回球的落点，评估从己方右侧场地回球到对手双打场地每个中场区域的准确度。
- 观察回球的落点，评估从己方左侧场地回球到对手双打场地每个中场区域的准确度。

要增加难度

- 接发球方交替使用重杀、劈杀和劈吊的击球方式。
- 使用尺寸较小的目标，比如毛巾、拍套或小盒子。
- 将目标移动到发球方双打场地的各个区域。

要降低难度

- 放大目标区域，允许球落在前发球线与双打后发球线之间的任意位置。
- 设置较大的目标，比如更大的毛巾。

成绩计分

击中目标 10 次 =5 分

击中目标 7 ~ 9 次 =3 分

击中目标 4 ~ 6 次 =1 分

你的得分 ____

接发球练习6　针对发低平球的高手杀球回球

球员A发低平球，球员B在右侧双打发球区中进行接发球。球员B尝试如下回球：首先回一个高手杀球到对手的左侧中场，然后再回一个高手杀球到对手的右侧中场。在中场的每一侧放置一个目标，比如一条毛巾或一个拍套。也可以使用垃圾桶作为目标，让球员进行"投篮"。接发球方每次只要击中目标即得一分。完成10次发球与接发球，而且5次接发球到左侧，5次接发球到右侧后，双方交换角色。现在轮到球员B发球给球员A。当球员A与B都尝试过从右侧双打场地进行回球后，将练习扩展为包含从左侧双打发球区进行回球。

成绩检查

● 观察回球的落点，评估从己方右侧场地回球到对手双打场地每个中场区域的准确度。

● 观察回球的落点，评估从己方左侧场地回球到对手双打场地每个中场区域的准确度。

要增加难度

● 接发球方必须交替使用重杀、劈杀和劈吊的击球方式。

● 使用尺寸较小的目标，比如毛巾、拍套或小盒子。

● 将目标移动到发球方双打场地的各个区域中。

要降低难度

● 放大目标区域，允许球落在前发球线与双打后发球线之间的任意位置。

● 设置较大的目标，比如更大的毛巾。

成绩计分

击中目标10次 =5分

击中目标7～9次 =3分

击中目标4～6次 =1分

你的得分 ____

发球的总结

如果能掌握各种发球技术，并在游戏或比赛中信手拈来，并结合使用，你就距离成为一名更好的羽毛球运动员的目标又近了一步。如果能够交替使用各种发球技术，便可给对手施加更多压力，提高自身的获胜机会。针对你发出的高远球、短球、低平球和平高球，对手需要采取不同的应对方法，因此在接发球时要不出太多花样。变换发球方法会让对手更难预判，从而增加了你发球得分的可能性。

在接着学习下一步骤之前，记录下你在本步骤中的练习得分。

发球练习

1. 绳上吊球得分 　　　　　　　　　　____（5分）

2. 发高远球得分 　　　　　　　　　　____（10分）

3. 发短球得分 　　　　　　　　　　　____（20分）

4. 绳下发球得分 　　　　　　　　　　____（15分）

5. 发低平球与平高球得分 　　　　　　____（40分）

6. 定点发球得分 　　　　　　　　　　____（5分）

7. 绳上发球得分 　　　　　　　　　　____（5分）

接发球练习

1. 场地四角练习得分 　　　　　　　　____（5分）

2. 头顶高远球与吊球回球得分 　　　　____（5分）

3. 针对发短球的低手吊球回球得分 　　____（5分）

4. 针对发短球的低手推球回球得分 　　____（5分）

5. 针对发平高球的高手杀球回球得分 　____（5分）

6. 针对发低平球的高手杀球回球得分 　____（5分）

总得分 　　　　　　　　　　　　____（满分130分）

总分为130分，如果你获得90分以上的成绩，就可以继续学习下一步了。如果你的得分低于70，重复自己认为难度最大的练习。邀请一位教练、

老师或有经验的球员对你的技巧进行评估。

　　步骤 3 中将讲述正手与反手的头顶击球。头顶击球通常在后场进行，其本质是进攻性击球。要完成合格的头顶击球，比如将肘部抬到肩部高度以上。头顶击球是在羽毛球运动中获胜的基础。

步骤 3

正手与反手头顶击球

在羽毛球运动中，头顶击球是最重要的战术性击球。可以认为，头顶击球等同于一位职业的棒球投手，可以投出速球、变速球、滑球或曲球等多种变化。四种基础的羽毛球击球——高远球、杀球、吊球与平抽球，在头顶位置使用正手或反手都能完成。交替使用正手与反手，调动对手在场上来回跑动。

头顶正手是一个在自己的后半场完成的完整击球动作。而头顶反手是在场地反手角，通过右臂向上完全伸直来完成的，是正手击球的镜像。如果将头顶正手击球的录像反过来放，就正好是反手击球。手臂在肘部的伸展与剧烈的小臂旋转为头顶击球提供了大部分力量。正手击球时小臂内旋，而反手击球时小臂外旋。在解剖学上，小臂旋转只有这两种方式。传统的手腕弯曲（闪腕）极少出现。只有技术正确才能让手腕自然屈伸，同时球拍沿着回球方向随挥。

正手头顶击球

正手头顶击球很可能是羽毛球比赛中最强大的武器。无论进攻还是防守均可采用，将对手调动到后场、网前或边线。后场头顶击球的合格标准是，无论接下来要打哪种球，击球姿势都完全一致。这样在你触球之前，对手就无法确定你要打哪种球。如果假动作做得足够逼真，对手就很难将球击回。各种击球的区别在于球拍与羽毛球接触的点。因此，球离开球拍的角度与球拍接触球时的速度决定了回球的速度。

对于右手持拍的球员，在右侧击球时使用握手式握拍（图 3.1a）。正手头顶击球的动作类似于投掷一个球，二者的力学原理完全相同。正确的投掷动作可以精确地协调各个人体环节的加速与减速过程，产生最大的绝对速度，并依次传递给你的右手和球拍。

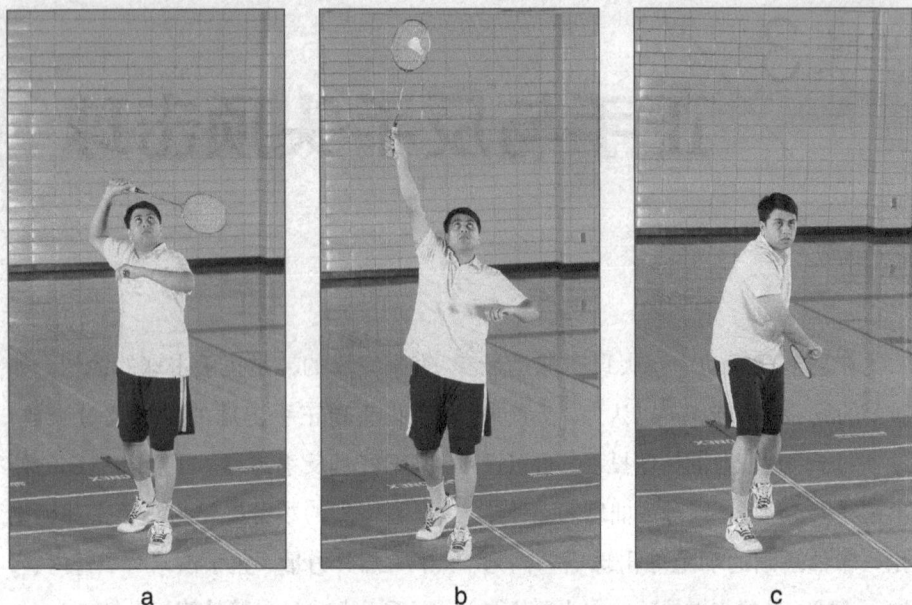

a   b   c

图 3.1 正手头顶击球

准备姿势	执行过程	随挥动作
1. 使用握手式（开枪式）握拍。	1. 抬肘并伸直手臂。	1. 右手停止挥动时手掌朝外。
2. 采取侧面击球的站位。	2. 左手放下。	2. 球飞出后，放下球拍。
3. 两只手臂都举起来。	3. 转动上半身。	3. 将球拍放到身体的另一侧。
4. 将身体重心放在后脚上。	4. 在高点击球。	4. 双脚交叉，后脚变前脚。
	5. 小臂内旋。	5. 继续转移身体重心。

误区

头顶击球时，球不能很快过网，落点也不深。

纠正

你的头顶击球力量不足。在头顶引拍时，提高挥拍速度。引拍时身体重心前移。使用正确的握拍方式，并尝试加入更多小臂内旋与外旋动作。引拍时应该能听到"嗖"的一声。

头顶击球通常是在场地的后半场中进行的。当球被打到你的后场时，转体让双脚与球网垂直。左肩朝向球网，同时将身体重心转移到后脚上。必要时向后小跳一步，将身体移动到下落中羽毛球稍后一点的位置。这就是你的击球站位。

移动去接球时，抬起右臂，手腕翘起，球拍朝上高高举起，转动肩膀，做好击球姿势（图 3.1b）。击球时，后腿带动髋部和肩部转动，然后向前挥拍。左手置于身体前方，有助于保持平衡和转动上身。拍头伸展在头后面。肘部带动右臂高举，然后小臂与手腕剧烈旋转。挥动球拍，用球拍的甜区去打球。但小臂的快速内旋会导致拍面的旋转，一直到触球时几乎变平为止。拍面角度决定了球的方向。触球时，小臂的快速旋转提供了大部分力量，手腕伸展以便让手臂完全伸直。尽可能在身体前方的最高点击球。

误区

触球点不理想，导致回球过短，因而回球速度或力量不足。

纠正

一个常见问题就是无法在右肩上方完成击球，而是在身体侧面或后面击球。快速移动到飞行中羽毛球的后方，同时举起拍子。全神贯注且及时到位通常可以解决这个问题。

手握球拍自然完成随挥，手腕内旋，结束时右手向下翻转，手掌朝外。这里手腕弯曲（闪腕）的动作很少或者根本没有。球拍先击球，然后在球飞出后向下挥动球拍（图 3.1c）。最后球拍停在身体前方的另一侧。一次双脚交叉的动作后，后脚变为前脚，身体重心继续前移，可以为接下来的动作提供额外的动能。

反手头顶击球

反手头顶击球允许你从反手侧回球，即使球已经完全位于你身后。借助正确的步法与击球技术，反手击球可以节省时间和体力，并能打出更加有效的进攻或防守性击球。有些高水平球员的绝大多数回球都使用正手或绕头顶回球来完成。（参考步骤 8 中关于绕头顶回球的内容。）然而，使用正手击球完成所有回球要求球员的速度更快，而且耗费更多体力。反手头顶击球是一个很好的选择，有时候甚至是绝对必要的选择。反手头顶击球的合格标准是，无论接下来要打哪种球，击球姿势都完全一致。这样在你触球之前，对手就无法确定你要打哪种球。如果假动作做得足够逼真，对手很难将球击回。与使用正手一样，各种击球的区别在于球拍与羽毛球接触的点。因此，球离开球拍的角度与球拍接触球时的速度决定了回球的速度。

误区

当你尝试头顶击球时，总被对手轻松识破。

纠正

你的头顶击球缺少欺骗性。一个常见的原因是上半身转动的幅度不够。使用球拍去击球时，转动左肩朝向球网，同时上半身大幅转动。

反手头顶击球的动作就像把一条毛巾抛向天花板。如果这个动作做得好，右臂可以快速伸展，并产生最大的绝对速度，依次传递给球拍和球。在反手侧的上方击球时，以左脚为中轴转动身体，让背朝向球网。右脚朝反手角迈出，身体重心转移到后脚上。必要时使用并步或滑步，将身体移动到下落中羽毛球后方的位置。这就是你的击球站位。

反手使用握手式握拍时，大拇指直直地紧贴拍柄的左上棱边（图 3.2a），而不是环绕着它。借助这种拇指贴把的握拍方式，你可以在不改变握拍的情况下，从身体左侧完成回球。这种握拍还可以为所有反手击球提供额外的支撑与杠杆。其原理是先松开球拍，然后再握紧所产生的手指压力变化。

如果回球时间充足，比如来球是打向反手侧的高远球，在前面推荐的反手握拍基础上再稍微向左调整，回球将更加有力。将食指的指关节放在拍柄顶部的棱边上，而拇指则斜斜地按住拍柄的背面。这种握拍类似于网球的东方式反手握拍，可以给手腕提供良好的稳定性。只要击球点在身体前方，这种握拍毫无问题。但在羽毛球运动中，球经常会飞向反手后场较深的位置，球员必须在球已经越过自己或在自己身后的情况下进行击球。

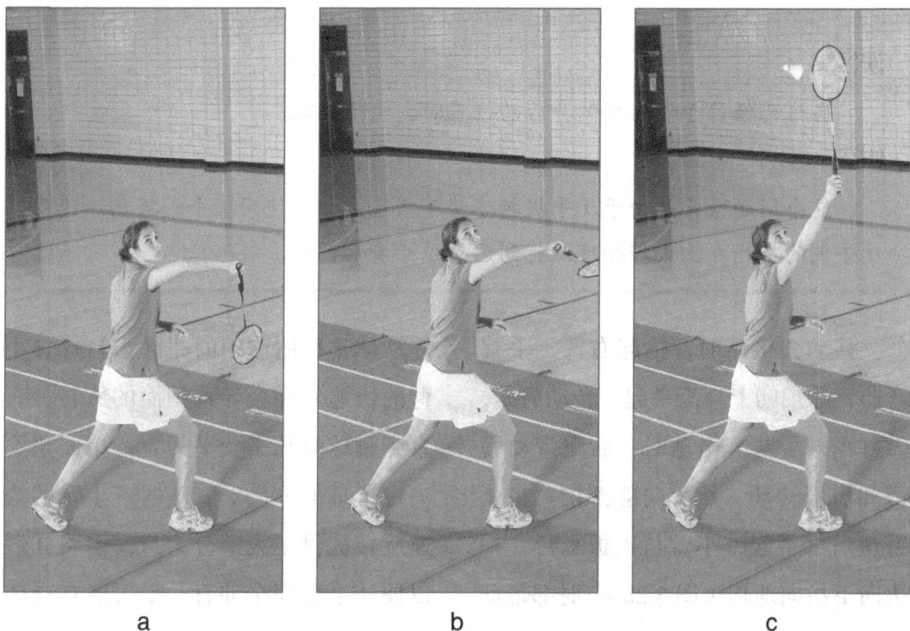

a　　　　　　　　　b　　　　　　　　　c

图 3.2　反手头顶击球

准备姿势	执行过程	随挥动作
1. 使用握手式（开枪式）握拍，大拇指放在左上棱边上。 2. 采取侧面击球的站位。 3. 保持右臂举起，小臂与地板平行，拍头向下指向地板。	1. 抬肘并伸直手臂。 2. 左臂放下。 3. 转动上半身。	1. 在高点击球。 2. 小臂外旋。 3. 借助拍头完成随挥。

这种情况下，东方式反手握拍可能变成一个不利因素。步骤 1 中推荐的反手握拍类似于正手握拍，支持更大的手腕动作。甚至当你背对球网，而且球已经明显在你身后或在边线附近时，这种握拍也能让你使用拍面将球打到对手的场地中。

误区

当球已经位于你反手侧身后的位置时，无法回球。

纠正

这个问题通常是由于反手握拍姿势不当造成的。使用握手式握拍。使用反手侧的拇指在上式握拍可以打到已经位于身后的球。

移动去接球时，抬起右臂，手腕弯曲，球拍朝上高高举起，转动肩膀，做好击球姿势。击球时，后腿带动髋部和肩部转动，然后向前挥拍。将手臂从肩部举起，小臂与地板平行，拍头向下指向地板（图 3.2b）。肘部带动右臂高举，然后小臂与手腕剧烈旋转。

挥动球拍，用球拍的甜区去打球。小臂的快速外旋会导致拍面的旋转，一直到触球时几乎变平为止。拍面角度决定了球的方向。触球时，小臂的快速旋转提供了大部分力量，手腕伸展以便让手臂完全伸直。尽可能在身体前方的最高点击球。

误区

回球时手臂往往没有伸直，击球高度不理想，结果导致回球质量差，或者回球力量不足以至于球无法飞到后场。这将导致动力损失，并暴露你的回球意图，让对手能够提前预判球的去向。

纠正

手臂没有伸直。很多初学者在举拍进行头顶击球时，手臂没有完全伸直。挥拍时要有去刮天花板的感觉。一定要在最高点完成正手或反手的头顶击球。

手握球拍自然完成随挥，小臂外旋，结束时球拍下摆（图 3.2c）。这里手腕弯曲（闪腕）的动作很少或者根本没有。球拍先击球，然后在完成回球后向下挥动。后脚向前蹬地，帮助

你转动身体，再次面对球网，并推动你回到中场位置。这种身体重心的转换也可以为接下来的击球提供额外的动能。

头顶击球练习 1 使用拍套增加负荷

将球拍放在拍套内，拿着练习完整的正手与反手引拍。所增加的重量与空气阻力有助于加强持拍臂的力量和耐力。引拍时肘部在前。完成 20 次正手引拍和 20 次反手引拍。

成绩检查

- 挥动球拍。
- 伸直手臂。
- 在高点击球。

成绩计分

完成 20 次正手引拍 = 5 分

完成 20 次反手引拍 = 5 分

你的得分 ____

头顶击球练习 2 对镜子练习

对着镜子做完整的引拍投掷动作，练习正手与反手的头顶击球。镜子将给你提供直观的反馈。如果找不到镜子，可以在球场上练习引拍。再次强调，要尽力在最高点击球，并在球拍接触球时迅速挥拍。挥拍时模拟鞭打动作。完成 20 次正手引拍和 20 次反手引拍。

成绩检查

- 转移身体重心。
- 在高点击球。
- 快速引拍。

成绩计分

完成 20 次正手引拍 = 5 分

完成 20 次反手引拍 = 5 分

你的得分 ____

头顶击球练习 3　反手抛毛巾练习

背对一面平的高墙站立，右手抓住一条小毛巾的末端。手臂朝上伸直，手臂背面与墙接触。向上挥动毛巾，右臂一定要剧烈旋转（图 3.3）。练习时间为 5 分钟，或者重复练习 25 次。

成绩检查

● 在肘部弯曲右臂。

● 挥动毛巾。

● 在高点击球。

成绩计分

挥舞毛巾 5 分钟或 25 次 = 5 分

你的得分 ____

图 3.3　反手抛毛巾练习

头顶击球练习 4　对墙回合练习

对着一面平的高墙练习正手或反手头顶击球（图 3.4）。站在距离墙面大约 5 ~ 7 英尺（1.5 ~ 2.1 米）的位置，从下手回球开始，因为这种回球从墙面反弹回来的高度较高，需要头顶回球。针对这种足够高的上手回球，每次击球前应该有充分的准备时间。肘部在前，将球抽到墙面的高处。转动并收回球拍。完成正手击球与反手击球各 2 分钟。

成绩检查

● 手持球拍，前后站立。

图 3.4　对墙回合练习

● 转动肩部，肘部在前。

● 将球打得又高又远。

成绩计分

完成正手击球2分钟＝5分

完成反手击球2分钟＝5分

你的得分 ____

头顶击球练习5　自抛式头顶回高远球

这不是一个回合练习，因此开始时要准备5～6个羽毛球。站在后场的边线附近。在拍面上放一个羽毛球，右手手掌朝上。将羽毛球抛到空中，高度以适合正手或反手头顶击球为宜。球离开球拍后，将手臂从肩部快速举起并向后引拍，动作结束时拍头朝下。右臂伸直，肘部在前。剧烈转动小臂与手腕，举高球拍并尽量在最高点完成击球。将身体重心从后脚转移到前脚。拍面应该将球向上和向外打，而且触球之前你的手要在球拍前面。合格回球的标准是，落点位于后双打发球线的附近或后面。完成20次正手回球和20次反手回球，必要时将羽毛球收集在一起。

要增加难度

● 每次回球后都恢复到准备姿势。

● 交替使用正手和反手进行击球。

● 每次击球后朝网前移动，摸一下前发球线，然后回到后场。

● 使用更重的网球拍代替羽毛球拍，增加负荷。

要降低难度

● 将身体转为侧身击球的姿势。

● 开始时球拍已经朝上。

● 开始时身体重心已经转移到前脚上。

成绩检查

● 肘部朝上，球拍向下指。

- 手持球拍向上够球。
- 快速引拍。

成绩计分

完成20次合格的正手回球 = 5分

完成15 ~ 19次合格的正手回球 = 3分

完成10 ~ 14次合格的正手回球 = 1分

你的得分 ____

完成20次合格的反手回球 = 5分

完成15 ~ 19次合格的反手回球 = 3分

完成10 ~ 14次合格的反手回球 = 1分

你的得分 ____

你的总得分 ____

头顶击球练习6　发高远球与头顶回球

球员A发贯穿全场的斜线高远球给球员B，球员B使用正手头顶投掷动作回一个直线高远球（图3.5）。站在后场的球员E将球回给球员A。如此三次以后交换位置。球员A取代球员E的位置，球员B取代球员A的位置，而球员E移动到球员D身后，以此类推，直到所有球员各就各位为止。当每名球员最多完成6次击球后，练习结束。如果场地空间有限，可以在一个单打场地上安排两个小组进行练习。

成绩检查

- 肘部朝上，球拍向下指。
- 肘部带动手臂的首次伸展。
- 手朝上，使用球拍去够球。

成绩计分

完成5次以上合格的正手头顶回球 = 5分

完成3 ~ 4次合格的正手头顶回球 = 3分

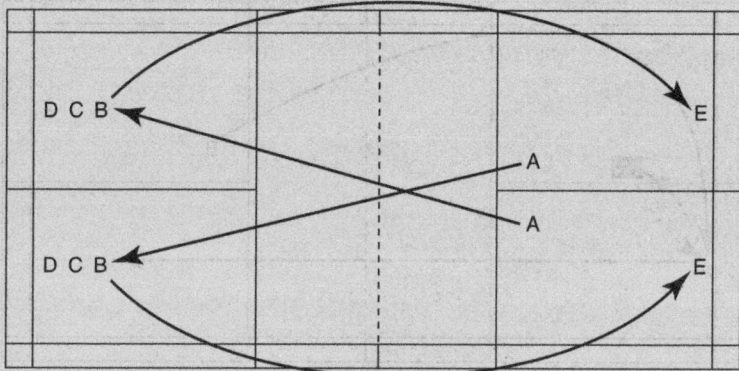

图 3.5　发高远球与头顶回球练习

完成 1 ～ 2 次合格的正手头顶回球＝ 1 分

你的得分 ____

头顶击球练习 7　触摸标志物

这是一个针对初学者的前导式游戏。在球场一侧的中间位置放上一小块方形的垫子或毯子。球员 A 站在后场正手角。球员 B 发一个高远球到球员 A 的正手角。球员 A 回一个直线高远球给球员 B，然后跑去触摸垫子（图 3.6）。球员 A 回到正手角，回合继续。球员 B 再次回一个直线高远球给球员 A。球员 A 再次回球给球员 B，并再次跑去触摸垫子。第三次重复以上过程，然后交换角色。

要增加难度

● 球员 B 可以降低回球的高度，缩短球员 A 恢复到原来位置的时间。

要降低难度

● 球员 B 可以增加回球的高度，延长球员 A 回位的时间。

成绩检查

● 肘部带动手臂的首次伸展。

● 快速引拍。

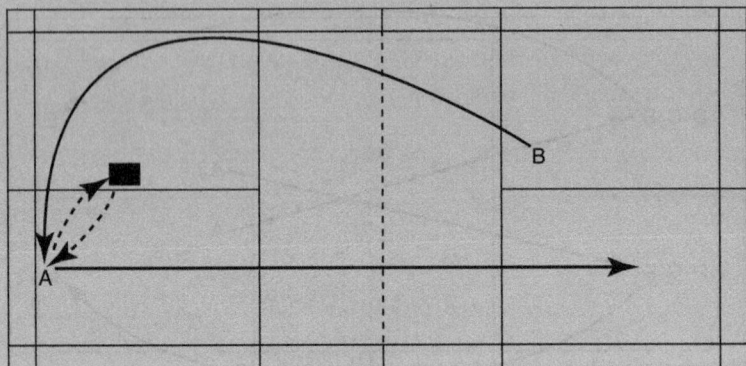

图 3.6　触摸标志物

● 打出高远球。

成绩计分

完成 3 次合格的正手头顶回球 = 5 分

完成 2 次合格的正手头顶回球 = 3 分

完成 1 次合格的正手头顶回球 = 1 分

你的得分 ____

头顶击球练习 8　高远球练习

　　球员 A 打一个低手的高远球，然后跑到球场另一端球员 E 的身后（图 3.7）。按照这种顺序，每名球员从正手或反手回一个高远球，随后跑到球场另一端并排到队伍末尾。尝试连续完成 20 次合格的正手头顶高远球和连续 20 次合格的反手高远球。

成绩检查

● 肘部朝上，球拍向下指。

● 肘部带动手臂的首次伸展。

● 手朝上，使用球拍去够球。

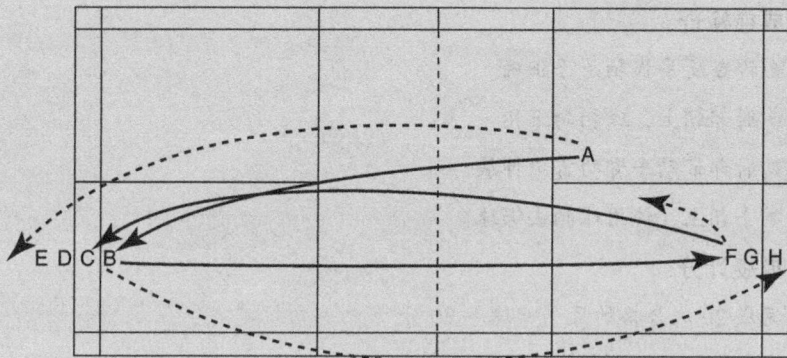

图 3.7　高远球练习

成绩计分

完成 20 次合格的正手回球 = 10 分

完成 15 ~ 19 次合格的正手回球 = 5 分

完成 10 ~ 14 次合格的正手回球 = 1 分

你的得分 ____

完成 20 次合格的反手回球 = 10 分

完成 15 ~ 19 次合格的反手回球 = 5 分

完成 10 ~ 14 次合格的反手回球 = 1 分

你的得分 ____

你的总得分 ____

头顶击球练习 9　反手高远球练习

这项练习需要一名击球员和一名抛球员或教练。球员 A 击打反手高远球，而抛球员或教练负责给球员 A 喂球。球员 A 站在后双打发球线附近。教练以下手方式抛球，抛球的高度比击球员的肩部高，并稍微位于抛球员的身后一点。球员 A 右脚在前，朝反手角移动。球员从反手位置击打高远球，然后返回中场。球员 A 应该尝试连续击打 20 次合格的反手高远球。

成绩检查

● 检查反手握拍是否正确。

● 肘部朝上，球拍向下指。

● 肘部带动手臂的首次伸展。

● 手朝上，使用球拍去够球。

成绩计分

完成 20 次合格的反手回球 = 20 分

完成 15 ~ 19 次合格的反手回球 = 15 分

完成 10 ~ 14 次合格的反手回球 = 10 分

你的得分 _____

正手与反手头顶击球的总结

进行头顶击球时，记住侧身对着球网，并借助转动髋部与肩部的力量完成击球。正手头顶击球时，应该从身体重心转移顺利过渡到上半身的大幅转动，接下来手臂伸直并内旋，最后在触球的一刹那用力挥拍。手持球拍自然地完成随挥动作。双腿交叉，右腿朝前摆动，即算完成击球。

反手头顶击球时，记住要转身背对球网，并借助转动髋部与肩部的力量完成击球。反手头顶击球时，应该从身体重心转移顺利过渡到上半身的大幅转动，接下来手臂伸直并内旋，最后在触球的一刹那用力挥拍。手持球拍自然地完成随挥动作。左脚蹬地回到中场，即算完成击球。

持续练习，直到你的头顶击球动作稳定而有节奏，击球效果高效、准确和有力为止。在接着学习下一步骤之前，记录下你在本步骤中的练习得分。

头顶击球练习

1. 使用拍套增加负荷得分 　　　　　　　　　　　____（10 分）

2. 对镜子练习得分 　　　　　　　　　　　　　　____（10 分）

3. 反手抛毛巾练习得分 　　　　　　　　　　　　____（5 分）

4. 对墙回合练习得分 　　　　　　　　　　　　　____（10 分）

5. 自抛式头顶回高远球得分 　　　　　　　　　　____（5 分）

6. 发高远球与头顶回球得分 　　　　　　　　　　____（5 分）

7. 触摸标志物得分 　　　　　　　　　　　　　　____（5 分）

8. 高远球练习得分 　　　　　　　　　　　　　　____（20 分）

9. 反手高远球练习得分 　　　　　　　　　　　　____（20 分）

总得分 　　　　　　　　　　　　　　　　　　____（**满分 90 分**）

总分为 90 分，如果你获得 70 分以上的成绩，就可以继续学习下一步了。如果你的得分低于 70，重复自己认为难度最大的练习。邀请一位教练、老师或有经验的球员对你的技巧进行评估。

步骤 4 中将讲述高远球。这种又高又远的回球是羽毛球运动中取得胜利的基本击球。足球运动中有一条古老的格言是"遇到问题就开大脚"。同样地，在羽毛球运动中也可以说"遇到问题就打高远球"。这种击球可以把球打到后场，其本质是防守性击球，让你有时间回位或者进行防守，而带有攻击性的高远球相对飞得较低和较快，从而缩短对手的反应时间。

步骤 4 / 高远球

为了赢得返回球场中间的时间，最常用的战术就是打高远球。遇到麻烦时就打高远球，单打比赛中更是如此。防守性的高远球是一种很高的回球，其飞行轨迹类似于网球运动中的挑高球。在正手或反手侧使用下手或上手击球都可以打出高远球，目的是将对手逼到较深的后场。球员将高远球与吊球结合使用，迫使对手在球场的四个角疲于奔命地进行防守。

击球尽可能快，这样对手的回球时间就会减少。头顶和上手回球时，尽可能在最高点完成击球。移动到位打高远球时，向上挥动球拍，触球时拍面放平而且肘部伸直。因为高远球

应该飞得又高又远，右手握紧球拍，向前方和上方用力挥动球拍，然后随着球的飞行方向完成随挥动作。

在比赛中，高远球的主要价值是让球远离对手，并让对手快速移动。如果能让球落在对手身后，或者让对手在高速移动中失去节奏，就可以减少对手的回球时间，同时让对手感到疲倦。如果你的高远球的质量较高，你的对手就需要更快地移动才能保证回球的准确性与有效性。攻击性的高远球飞行线路更平而且速度更快，用于让球落在对手身后，并导致对手可能回出质量较差的球。防守性高远球的轨迹又高又远。

正手高远球

当在羽毛球回合中接球时，移动到来球后面的位置，并使用握手式握拍。如果使用正手头顶高远球进行回球（图 4.1），以腰部为中轴转动肩部，侧身面对球网。当球落在击球区内时，

向上挥动球拍，将球打得又高又远。在身体前方的最高点击球，球拍随着羽毛球的飞行轨迹完成随挥。防守性高远球是向上飞的，高于对手的头顶，而进攻性高远球飞行线路更平而且速

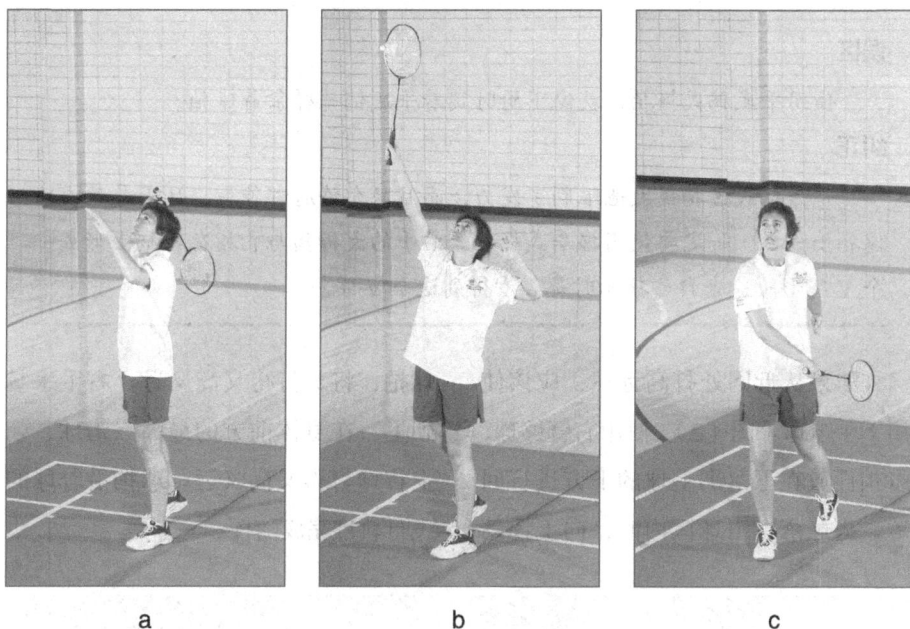

a   b   c

图4.1 头顶正手高远球

准备姿势	执行过程	随挥动作
1. 使用握手式（开枪式）握拍。	1. 将身体转动到来球方向。	1. 拍头随挥。
2. 恢复到等待或接发球站位。	2. 向前挥动球拍，尽量在高点击球。	2. 向球网方向挥动。
3. 举起右臂，且拍头朝下。	3. 小臂内旋。	3. 右臂旋转。
4. 将身体重量分布在双脚上。		4. 蹬地回中场。
5. 手腕向后弯曲。		5. 返回中场。

度更快，只是刚好让对手够不着。

手与手腕带动右臂自然地完成随挥动作。大部分力量来自于小臂的快速内旋。球拍先接触球，然后沿着羽毛球的飞行方向挥出。在完成头顶或下手高远球后，马上双脚蹬地，快速转移身体重心，身体向中场移动。

误区

使用平底锅式握拍，就像下厨时端着平底锅一样拿着球拍。

纠正

平底锅式握拍极大地限制了发力，而且只允许肘部伸展，从而导致击球像拍手一样。一定要使用握手式握拍。右手的大拇指与食指在拍柄上形成一个V字形。检查自己握拍时是否看得到这个V字。

如果从近网处打高远球，应该使用下手击球（图4.2）。使用右臂够球，将拍面放在下落羽毛球的下方进行回球。当球落在击球区内时，向上挥动球拍，将球打得又高又远。右手手掌朝上，在身体前方的最高点击球，朝上将球打得又高又远。球拍沿着球的飞行轨迹完成随挥。

a

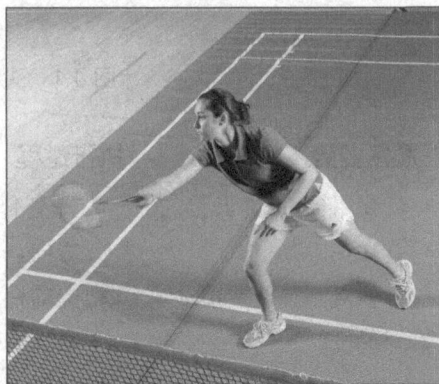
b

准备姿势

1. 使用正手握手式（开枪式）握拍。
2. 使用右手与右脚去够球。
3. 抬起右臂，手掌朝上。
4. 将身体重心略微放在前脚上。

执行过程

1. 将身体转动到来球方向。
2. 将球拍放在下落羽毛球的下方。
3. 手腕弯曲。
4. 放下球拍，然后向上挥动。
5. 尽量在高点击球。
6. 小臂内旋。

随挥动作

1. 随着羽毛球的飞出继续向上挥拍。
2. 小臂外旋。
3. 双脚蹬地。
4. 借力向中场移动。
5. 回到中场。

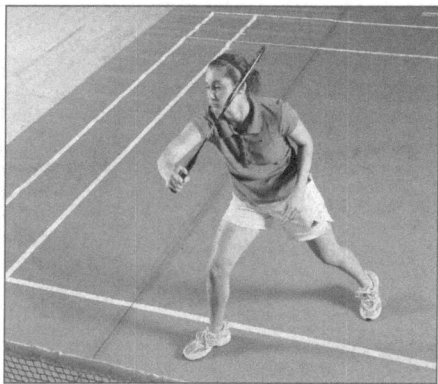

c

图 4.2　下手正手高远球

误区

由于准备姿势不好，导致失去平衡，也没有将重心变化利用到击球上。

纠正

快速移动到正确的击球区域，在正确的时间击球。集中精力和不断练习可以解决这个问题。

反手高远球

当对手在回合中将球打到你的反手侧时，你应该移动到来球的后面，同时采用反手握拍。如果要回头顶反手高远球（图 4.3），以腰部为中轴转动肩部，侧身面对球网。当球落在击球区内时，肘部带动手向上挥动球拍击球。在身体前方的最高点击球，球拍随着羽毛球的飞行轨迹完成随挥。拍面的角度朝上，将球打得又高又远。防守性高远球是向上飞的，高于对手的头顶，而进攻性高远球飞行线路更平而且速度更快，只是刚好让对手够不着。

手与手腕带动右臂自然地完成随挥动作。大部分力量来自于小臂的快速外旋。球拍先接触球，然后沿着羽毛球的飞行方向挥出。在完成反手高远球后，马上双脚蹬地，快速转移身体重心，身体向中场移动。

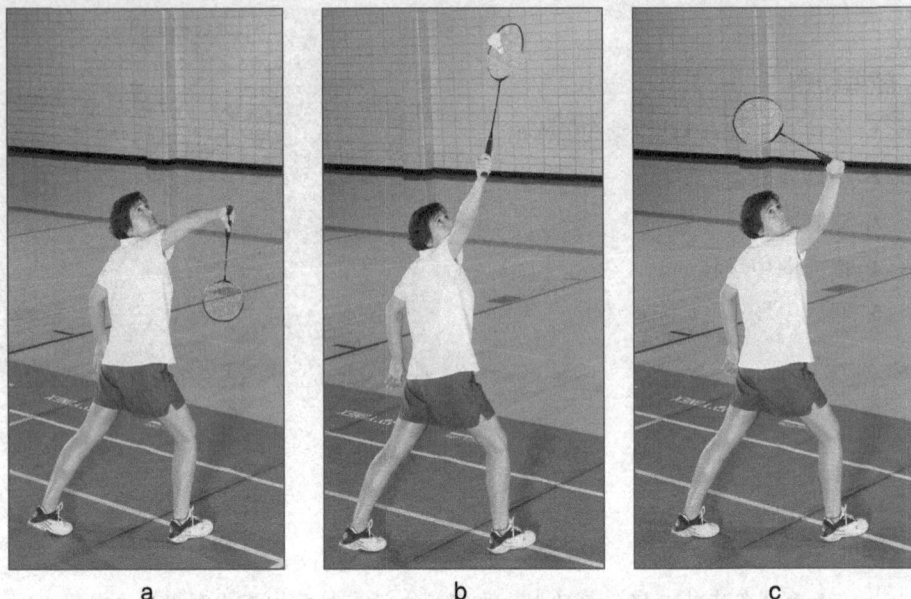

a   b   c

图 4.3　头顶反手高远球

准备姿势	执行过程	随挥动作
1. 使用反手（拇指贴把式）握拍。	1. 使用右脚够球。	1. 继续朝上挥拍。
2. 恢复到等待或接发球站位。	2. 转动身体，背对球网。	2. 球拍沿着球的飞行方向随挥。
3. 右臂与地板平行。	3. 手腕弯曲。	3. 向球网方向挥动。
4. 拍头朝下。	4. 肘部在前，带动向前挥拍。	4. 球拍自然随挥。
5. 将身体重量分布在双脚上。	5. 使用拍头触球。	5. 蹬地回中场。
	6. 拍面角度向上与向外。	6. 返回中场。
	7. 小臂外旋。	

误区

头顶反手高远球力量不足。

纠正

　　力量不足的常见原因是触球时手臂没有完全伸直。很多初学者在举拍击球时，手臂弯曲，导致小臂旋转的幅度不足。挥拍时手臂一定要尽力伸直。

如果从近网处打高远球，应该使用下手击球（图4.4）。使用右臂够球，将拍面放在下落羽毛球的下方进行回球。当球落在击球区内时，向上挥动球拍，将球打得又高又远。右手手掌朝下，在身体前方的最高点击球。小臂猛烈外旋，将球打得又高又远，球拍沿着球的飞行轨迹完成随挥。

a

b

准备姿势

1. 使用反手（拇指贴把式）握拍。
2. 使用右手与右脚去够球。
3. 抬起右臂，手掌朝下。
4. 将身体重心略微放在前脚上。

执行过程

1. 将身体转动到来球方向。
2. 朝网前移动。
3. 左脚迈出。

c

图4.4　下手反手高远球

随挥动作

1. 将球拍放在下落羽毛球的下方。
2. 手腕弯曲。
3. 放下球拍，然后快速向上挥动，尽量在高点击球。
4. 随着羽毛球的飞行方向继续向上挥拍。
5. 借助小臂旋转自然完成随挥。
6. 双脚蹬地，借力向中场移动。
7. 回到中场。

在各种水平的羽毛球比赛中，打高远球时都会出现错误。初学者和中等水平的球员最常犯这种错误。通过不断的重复性练习进行纠正后，才能在球场上获得更大的成功。

高远球练习 1　下手高远球负荷练习

将球拍放在拍套内，拿着练习正手与反手的下手挥拍动作。所增加的重量与空气阻力有助于加强持拍臂的力量和耐力。完成 30 次正手挥拍和 30 次反手挥拍。

成绩检查

- 手腕弯曲。
- 手腕与手在前，带动向上挥动球拍。
- 挥动球拍时可以听到"嗖"的一声。

成绩计分

完成 30 次正手挥拍 = 5 分

完成 30 次反手挥拍 = 5 分

你的得分 ＿＿＿

高远球练习 2　上手高远球负荷练习

将球拍放在拍套内，拿着练习正手与反手的上手挥拍动作。所增加的重量与空气阻力有助于加强持拍臂的力量和耐力。完成 30 次正手挥拍和 30 次反手挥拍。

成绩检查

- 肘部在前带动。
- 手向上挥动球拍。
- 挥动球拍时可以听到"嗖"的一声。

成绩计分

完成 30 次正手挥拍 = 5 分

完成 30 次反手挥拍 = 5 分

你的得分 ＿＿＿

高远球练习 3 网前下手高远球

球员 A 使用上手从球网上方将球抛给球员 B，而球员 B 使用右脚朝网前移动，并从正手或反手侧打一个下手高远球。这些下手高远球的回球落点应该位于后双打发球线与后场底线之间（图 4.5）。球员 G 将球回给球员 A。以上过程重复 3 次后，各位球员轮换位置。球员 A 取代球员 G，球员 B 取代球员 A，而球员 G 跑到球员 F 的身后。重复练习 5 次，让每位球员都能完成 15 次下手高远球。

成绩检查

● 肘部在前带动。

● 快速挥拍。

● 将球打得又高又远。

成绩计分

完成 15 次合格的下手高远球 = 10 分

完成 10 ~ 14 次合格的下手高远球 = 5 分

完成 5 ~ 9 次合格的下手高远球 = 1 分

你的得分 ____

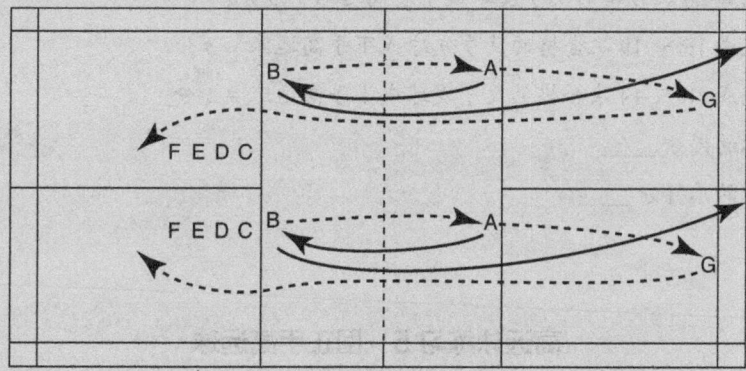

图 4.5 网前的下手高远球练习

高远球练习4　发球后回高远球

这不是一个回合练习，因此开始时发球搭档要准备5～6个羽毛球。练习开始时，发球搭档使用正手或反手发球或者一个下手击球动作，然后你回一个高远球从搭档的头顶飞过。完成20次正手发球或下手高远球，以及20次反手发球或下手高远球，必要时需要收集球。因为这项练习没有回合，搭档可以一起练习，也可以分开单独练习。回高远球的合格标准是，球从搭档的头上飞过，然后落在后场的双打发球线附近或后面。

成绩检查

● 肘部在前带动。

● 快速挥拍。

● 将球打得又高又远。

成绩计分

完成20次合格的正手发球或下手高远球＝5分

完成15～19次合格的正手发球或下手高远球＝3分

完成10～14次合格的正手发球或下手高远球＝1分

你的得分 ＿＿＿＿

完成20次合格的反手发球或下手高远球＝5分

完成15～19次合格的反手发球或下手高远球＝3分

完成10～14次合格的反手发球或下手高远球＝1分

你的得分 ＿＿＿＿

你的总得分 ＿＿＿＿

高远球练习5　回正手高远球

这不是一个回合练习，因此开始时负责喂球的搭档需要准备5～6个羽毛球。负责喂球的发球方打出又高又远而且容易接的下手发球。而接球方回每一个发球的方法是，使用正手头顶击球动作（图4.6）打出过搭档头顶的高远球。接球方完成至少30次回球后，双方交换角色。合格回球的标准是，落点位于后场双打发球线的附近或后面。

成绩检查

- 肘部在前带动。
- 快速挥拍。
- 将球打得又高又远。

成绩计分

完成30次合格的正手高远球 = 5分

完成20 ~ 29次合格的正手高远球 = 3分

完成10 ~ 19次合格的正手高远球 = 1分

你的得分 ____

图4.6 回正手高远球练习

高远球练习6 抛球与回反手高远球

这不是一个回合练习，因此开始时负责喂球的搭档需要准备5 ~ 6个羽毛球。喂球一方抛出容易接的上手球到搭档的反手网前位置。接球方使用反手低手击球动作，回出一个高远球。合格回球的标准是，落点位于后场双打发球线的附近或后面（图4.7）。接球方应该完成至少30次回球后，双方交换角色。

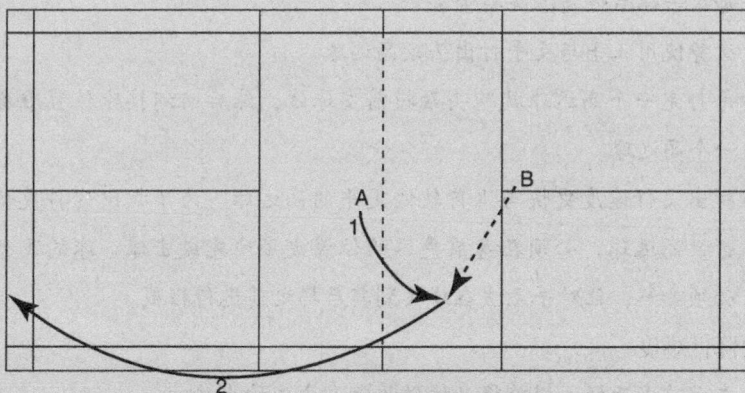

图4.7 抛球与回反手高远球练习

成绩检查

● 球被抛到左侧时，使用你的右手与右脚去够球。

● 肘部在前。

● 触球时猛烈挥动球拍。

成绩计分

完成 30 次合格的反手高远球 = 10 分

完成 20 ~ 29 次合格的反手高远球 = 5 分

完成 10 ~ 19 次合格的反手高远球 = 1 分

你的得分 ____

高远球练习7 头顶高远球回合

这是一个回合练习，因此开始时负责喂球的搭档只需要准备 2 ~ 3 个羽毛球。喂球一方打出又高又远而且容易接的上手发球。接球方使用正手或反手头顶击球动作，回出一个过顶的高远球。在这项持续性的练习中，练习双方都应该尝试完成尽可能多的回球，让回合一直持续下去。回球应该足够高和远，让搭档有充分时间跑到位。合格回球的标准是，落点位于后场双打发球线的附近或后面。

要增加难度

● 每次击球后恢复准备姿势。

● 交替使用正手与反手打出头顶高远球。

● 每打完一个高远球就跑去触摸前发球线，然后回到接球位置准备打下一个高远球。

● 打出飞行速度更快与飞行轨迹更平的高远球。为了打出这种更快的攻击性高远球，必须在身前更远的位置更早地完成击球。球的飞行高度必须足够，让对手无法在球飞到其后场之前进行拦截。

要降低难度

● 在网前或后场，提前将身体转为侧身击球的姿势。

● 开始时右臂已经举起，如果位于后场就放在脑后，如果位于网前就放在身前并朝前够球。

● 开始时身体重心已经转移到后脚（位于后场时）或前脚（位于网前时）上。

● 打出较高且较短的球，让搭档有更多时间做出反应。这也让搭档能够打出更深的回球给你。

成绩检查

● 肘部在前带动。

● 快速挥拍。

● 将球打到搭档的正手侧。

成绩计分

在一个回合内完成 30 次以上合格的高远球，而且球不落地 = 10 分

在一个回合内完成 20 ~ 29 次合格的高远球，而且球不落地 = 5 分

在一个回合内完成 10 ~ 19 次合格的高远球，而且球不落地 = 1 分

你的得分 ＿＿＿

高远球练习 8　轮流打高远球

球员 A 发一个高远球给球员 E，然后站到自己队伍的末尾（图 4.8）。球员 E 打一个高远球给球员 B，然后站到自己队伍的末尾。直到每名球员都打过一次高远球并站到队伍末尾后，练习结束。

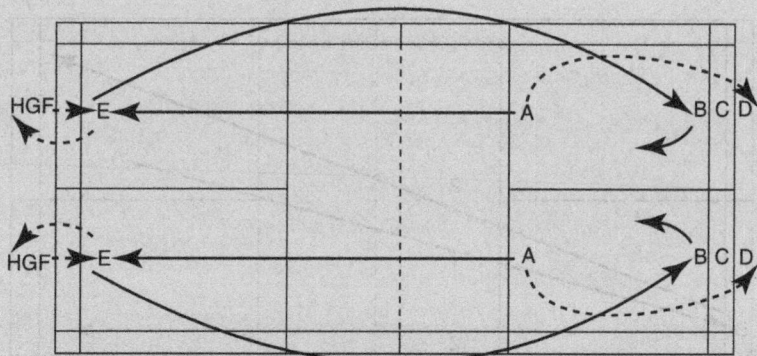

图 4.8　轮流打高远球练习

成绩检查

● 肘部在前带动。

● 快速挥拍。

● 将球打到搭档的正手侧。

成绩计分

打出 30 次以上合格的高远球，而且球不落地 = 10 分

打出 20 ~ 29 次合格的高远球，而且球不落地 = 5 分

打出 10 ~ 19 次合格的高远球，而且球不落地 = 1 分

你的得分 _____

高远球练习 9　直线与斜线高远球

比赛开始之前，按照这种顺序打高远球，可以有效地进行热身。练习开始时，任一球员可以打一个斜线高远球到搭档的正手后场，而另一方必须回一个斜线或直线高远球（图 4.9）。对于回球次序没有要求，但所有回球都必须为落点较深的高远球，落点在正手或反手侧均可。

成绩检查

● 肘部在前带动。

● 快速挥拍。

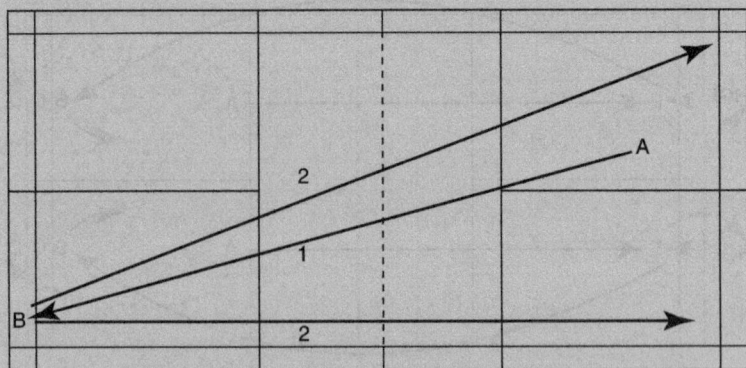

图 4.9　直线与斜线高远球练习

● 将球打到搭档的正手侧。

成绩计分

在一个回合内打出 30 次以上合格的高远球，而且球不落地 = 10 分

在一个回合内打出 20 ~ 29 次合格的高远球，而且球不落地 = 5 分

在一个回合内打出 10 ~ 19 次合格的高远球，而且球不落地 = 1 分

你的得分 ＿＿＿

高远球的总结

一定要尽快掌握正手与反手高远球技术。在右肩前方尽可能早地触球。这些击球的特点是重心快速前移，从而快速回到中场。挥拍时手臂举起，肘部在前带动手臂伸直。手持球拍自然地完成随挥动作。左脚蹬地后顺势回到中场，即算完成击球。

持续练习头顶与下手高远球，直到你的击球动作稳定而有节奏，击球有效、准确和有力为止。尝试将每次击球动作都录下来，并与教练大声探讨其中的不足之处。在接着学习下一步骤之前，记录下你在本步骤中的练习得分。

高远球练习

1. 下手高远球负荷练习得分　　　　　　　＿＿＿（10 分）

2. 上手高远球负荷练习得分　　　　　　　＿＿＿（10 分）

3. 网前下手高远球得分　　　　　　　　　＿＿＿（10 分）

4. 发球后回高远球得分　　　　　　　　　＿＿＿（10 分）

5. 回正手高远球得分　　　　　　　　　　＿＿＿（10 分）

6. 抛球与回反手高远球得分　　　　　　　＿＿＿（10 分）

7. 头顶高远球回合得分　　　　　　　　　＿＿＿（10 分）

8. 轮流打高远球得分　　　　　　　　　　＿＿＿（10 分）

9. 直线与斜线高远球得分　　　　　　　　＿＿＿（10 分）

总得分　　　　　　　　　　　　　　　＿＿＿（满分 90 分）

　　总分为 90 分，如果你获得 65 分以上的成绩，就可以继续学习下一步了。如果你的得分低于 65，重复自己认为难度最大的练习。邀请一位教练、老师或有经验的球员对你的技巧进行评估。

　　步骤 5 中将讲述吊球。吊球有几种变化，但它本质上还是一种刚好过网的回球，落点最好是在前发球线之前，越近网越好。这种速度较慢的击球给对手的反应时间不多，并要求对手移动到近网处才能进行回球。你的下一拍回球可以打得又高又远，迫使对手后退到后场才能进行击球。

步骤 5 / 吊球

吊球的飞行轨迹较低，以刚刚过网为宜，飞行速度也较慢，因此球一过网就会立即下坠。与头顶高远球相比，吊球在身前的击球点更远，拍面的角度也更加向下。用球拍去摩擦羽毛球，而不是用力去击打它。

高质量头顶吊球最重要的特点就是具有欺骗性。如果吊球具有足够的欺骗性，对手甚至无法完成回球。吊球最大的缺点就是飞行速度慢。不幸的是，这会让对手拥有更多反应时间。

预备动作一定要与其他的头顶击球方式保持一致。尽管吊球不需要很大的力量，但上半身还是要大幅转动，因为这种夸张的肩部旋转可以增加击球的欺骗性。然而，因为吊球的击球动作是切球（摩擦）而非拍球，球将很快失去速度，在过网后直接下坠。

在比赛中，头顶或下手吊球的主要价值是与高远球相结合，让对手满场飞奔进行防守。有效的吊球必须落在球场的四个角之一，从而让对手的跑动距离最远。

正手吊球

正手头顶吊球的目的应该是，让自己看起来好像是要打头顶高远球或杀球。区别主要在于挥拍速度。要打出高质量的正手头顶吊球，应该使用握手式握拍，沿着羽毛球的飞行方向移动到球后方的位置（图5.1a）。移动到位以后，以腰部为中轴转动肩部，侧对球网。向上挥拍去迎球，在身体前方的最高点完成头顶吊球。

要让球向下飞。拍头在前带动球拍向上挥动（图5.1b）。沿着球的飞行方向完成随挥，最后拍头朝下（图5.1c）。根据击球需要来调整拍面的倾斜角度。

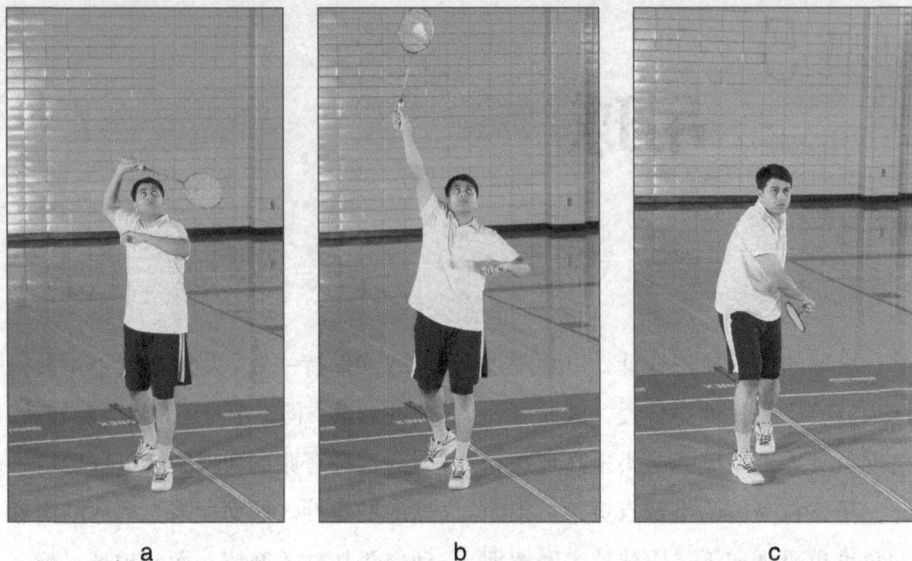

a　　　　　　　　b　　　　　　　　c

图 5.1　头顶正手吊球

准备姿势	执行过程	随挥动作
1. 使用握手式（开枪式）握拍。	1. 将身体转动到来球方向。	1. 拍头沿着球的飞行方向随挥。
2. 恢复到等待或接发球站位。	2. 向前挥动球拍，尽量在高点触球。	2. 按照球的角度挥拍。
3. 举起右臂。	3. 球拍触球的方式是摩擦，而非击打。	3. 双脚蹬地回中场。
4. 手腕弯曲，向后引拍。	4. 沿着球的飞行方向挥动拍头。	4. 返回中场。
5. 将身体重量分布在双脚上。		

误区

　　吊球时认为不必转动肩部和大幅旋转上半身。

纠正

　　从侧身的击球姿势开始。向上挥拍迎接来球时，在最高点触球时手臂完全伸直，并且旋转上半身。

误区

回球的欺骗性不足，对手很容易预测到。

纠正

采取侧身的预备姿势。你的预备姿势和上半身移动应该与所有头顶击球都完全一致。

使用同样的头顶动作还可以打出斜线吊球，只要将拍面略微倾斜，使其与球的接触面积更大即可。这创造出了一种切的动作，类似于网球运动中的发切削球，目的是欺骗对手。这种带有欺骗性的吊球，可以误导对手或者直接得分。挥拍时一定要肩部侧对球网，只有这样才能具有欺骗性。此外，执行过程中不要弯曲手臂或肘部，这会提醒对手你要打吊球了。

如果在近网处击球，使用下手击球（图5.2）。使用右臂够球，将拍面放在下落羽毛球的下方进行回球。当球落在击球区内时，将球轻轻打到尽可能靠近网口的地方。右手手掌朝上，在身体前方的最高点击球，将球向上打。球拍沿着球的飞行轨迹有一个上抬的动作，然后停止。触球越快，效果越好。上抬的部位是肩部而非手或手腕。球从拍面弹起，越过球网后由于速度消失而下落。高质量吊球的标准是，以最快速度飞过球网，然后立即开始下落并掉在对手的场地上。因此，你越快将球打在近网处，对手在网前接吊球的时间就越少。

准备姿势

1. 使用正手握手式握拍。
2. 使用右手与右脚去够球。
3. 举起右臂。
4. 将身体重心略微放在前脚上。

a

 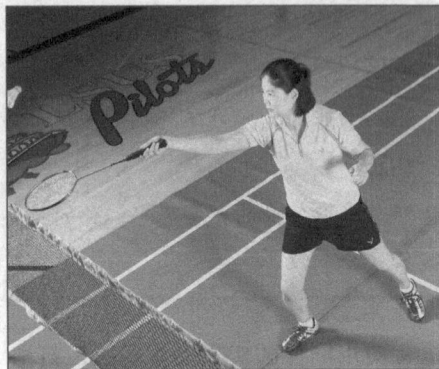

b   c

图5.2 下手正手吊球

执行过程	随挥动作
1. 将身体转动到来球方向。	**1.** 球飞出后短促引拍。
2. 将球拍放在下落羽毛球的下方。	**2.** 允许使用球拍在网上搓球。
3. 手腕弯曲。	**3.** 双脚蹬地，借力向中场移动。
4. 放下球拍，然后向上挥动，尽量在高点击球。	
5. 肩部上抬，将球打过网。	

误区

回的吊球过高，对手有充分时间接球，甚至可以进行扑杀。要么击球时太过轻柔，球无法过网。

纠正

很多初学者接触球的感觉还不好。在后场和网前练习吊球。

还可以在网上切球或者搓球，增加对手回这种贴网吊球的难度。网前吊球的另一种变化是推球。在网口或高于网口处推球，将球直接打到对手的场地内。推球在双打中特别有用，因为你可以将球推到网前球员的身后，迫使后场球员击出向上的回球。两名双打球员还可能因为谁应该回球而犹豫不决。触球越快，触球点越高，网前回球的质量就越高。

反手吊球

当对手在回合中将球打到你的反手侧时，你应该移动到来球的后方，同时采用反手握拍。如果要回反手头顶吊球，以腰部为中轴转动肩部，侧身对球网。当球落在击球区内时，肘部带动手向上挥动球拍击球（图

a

b

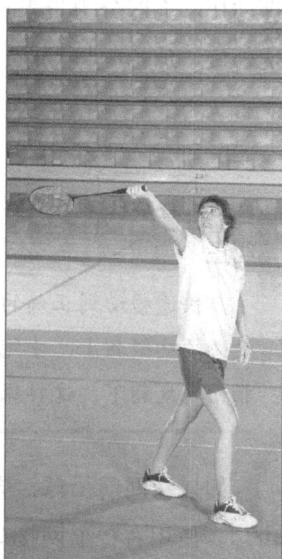
c

图 5.3　头顶反手吊球

准备姿势	执行过程	随挥动作
1. 使用反手（拇指贴把式）握拍。	1. 使用右脚够球。	1. 继续沿着球的飞行方向向下随挥。
2. 恢复到等待或接发球站位。	2. 转动身体，背对球网。	2. 向球网方向挥动。
3. 右臂与地板保持平行。	3. 手腕弯曲。	3. 后脚蹬地回中场。
4. 拍头朝下。	4. 肘部在前，带动向前挥拍。	4. 返回中场。
5. 将身体重量分布在双脚上。	5. 手上举，使用拍头触球。	
	6. 尽可能在高点触球。	
	7. 拍面角度向下。	
	8. 小臂外旋。	

5.3）。在身体前方的最高点击球，球拍随着羽毛球的飞行轨迹完成随挥。拍面角度朝下，将球打到网口附近的位置。

手与手腕带动右臂自然地完成随挥动作。大部分力量来自于小臂的快速外旋。球拍先接触球，然后沿着羽毛球的飞行方向向前挥出。然而，因为吊球的击球动作是切球（摩擦）而非拍球，球将很快失去速度，在过网后直接下坠。在完成反手头顶吊球后快速转移身体重心，之后双脚蹬地，身体向中场移动。

误区

准备姿势不好，右臂没有完全伸直。

纠正

快速移动到正确的击球位置，在不失去控制的情况下尽早触球。拍面角度必须略微朝上，才能打出先上后下的彩虹式轨迹。完全伸直手臂，触球时拍面角度朝下，这样球飞到对手场地后的轨迹只会向下。

如果在网前吊球，应该使用下手击球。使用右臂上网接球，将拍面放在下落羽毛球的下方进行回球。当球落在击球区内时，向上提起球拍，将球打过网（图 5.4）。右手手掌朝下，在身体前方的最高点击球。击球时肩部上抬，随挥幅度很小。球拍沿着球的飞行轨迹完成随挥。

a

准备姿势

1. 使用反手（拇指贴把式）握拍。
2. 使用右手与右脚去够球。
3. 抬起右臂，球拍与地板保持平行。
4. 将身体重心略微放在前脚上。

b

c

图5.4 下手反手吊球

执行过程

1. 将身体转动到来球方向。
2. 将球拍放在下落羽毛球的下方。
3. 手腕弯曲。
4. 先放下球拍，然后再举起球拍去触球。
5. 抬起肩部，将球打过网。

随挥动作

1. 随着羽毛球的飞行方向继续向上挥拍。
2. 保持手腕不动，抬起肩部。
3. 双脚蹬地，借力回到中场。

误区

你在场上的反应与移动都很慢，导致回球困难，回合难以继续。

纠正

花更多时间进行技术与体能方面的练习，同时努力训练提高步法。

在各种水平的羽毛球比赛中，打吊球时都会出现错误。持续的重复与练习能让你在球场上获得更大的成功。

吊球练习1 网前下手吊球

球员A使用上手将球抛过网，而球员B使用右脚上网，然后打出一个正

手的下手吊球。这些正手下手吊球的落点应该位于前发球线与球网之间（图
5.5）。球员 G 将球回给球员 A。如此 3 次后进行球员轮转。球员 A 取代球员 G，
球员 B 取代球员 A，球员 G 跑到球员 F 的身后，如此循环，一直到所有球员
在每个位置上都待过为止。使用反手的下手吊球重复以上过程。

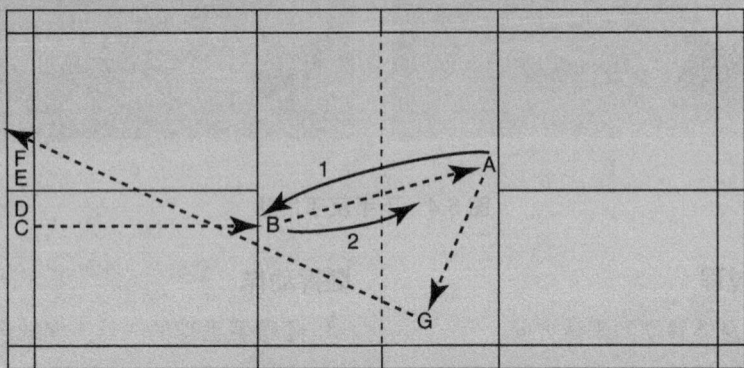

图 5.5　网前下手吊球练习

成绩检查

● 右手与右臂在前。

● 抬起肩部。

● 将球弹过网。

成绩计分

完成 3 次合格的正手下手吊球 = 5 分

完成 2 次合格的正手下手吊球 = 3 分

完成 1 次合格的正手下手吊球 = 1 分

你的得分 ____

成绩计分

完成 3 次合格的反手下手吊球 = 5 分

完成 2 次合格的反手下手吊球 = 3 分

完成 1 次合格的反手下手吊球 = 1 分

你的得分 ____

你的总得分 ____

吊球练习 2　网前勾对角

球员 A 使用上手将球抛过网，而球员 B 使用右脚上网，然后从正手或反手侧打出一个下手的对角球（图 5.6）。这些下手斜线对角球应该在网口飞行一段距离后，落在前发球线与球网之间。球员 C 负责捡球，并将球还给球员 A。如此 3 次后进行球员轮转，直到所有球员在每个位置上都待过后，练习结束。

成绩检查

● 右手与右臂在前。

● 抬起肩部。

● 拍面角度倾斜，将球拨过网。

成绩计分

完成 3 次合格的网前勾对角球 = 5 分

完成 2 次合格的网前勾对角球 = 3 分

完成 1 次合格的网前勾对角球 = 1 分

你的得分 ____

图 5.6　网前勾对角练习

吊球练习3　网前搓小球

球员 A 使用上手将球抛过网，而球员 B 使用右脚上网，然后从正手或反手侧打出一个下手的搓球（图 5.7）。球员 C 负责统计次数，并将球还给球员 A。球员 B 将拍面与地板平行，伸到下落羽毛球的下方，触球时让球倒着弹起，这样球在下落时就会翻滚。这些搓球在下落时应该十分贴网，并落在前发球线与球网之间非常靠前的位置。如此 3 次后进行球员轮转，直到所有球员在每个位置上都待过后，练习结束。

成绩检查

● 抬起肩部。

● 侧身借助手腕动作将球轻搓过网。

● 使用拍面切球，让球翻滚。

成绩计分

完成 3 次合格的搓球 = 5 分

完成 2 次合格的搓球 = 3 分

完成 1 次合格的搓球 = 1 分

你的得分 ____

图 5.7　网前搓球练习

吊球练习 4　网前放小球

在这项练习开始时，一名球员打一个下手吊球给其搭档（图 5.8）。这个吊球的落点应该位于前发球线内。回合继续，直到一名球员回球失误。两名球员只允许打吊球。这是一个回合练习，可以计分。当其中一名球员回球失误时，另一名球员就得一分。任意一方先到 11 或 15 分，练习结束。任意一方都可以开始回合，也都可以计分。

成绩检查

● 拍头带动。

● 触球点在身体前方。

● 使用球拍将球刚好弹过网。

成绩计分

如果你将这项练习当作一个回合性练习：

在不失误的情况下，回合时间持续 5 分钟以上 = 10 分

在不失误的情况下，回合时间持续 3 ~ 4 分钟 = 5 分

在不失误的情况下，回合时间持续 1 ~ 2 分钟 = 1 分

你的得分 ____

如果练习计分的话：

比赛获胜 = 10 分

比赛失败 = 5 分

你的得分 ____

图 5.8　网前放小球练习

吊球练习5 自抛式头顶吊球

这不是一个回合性练习，因此开始时要准备5～6个羽毛球。侧身站在后场附近，将一个羽毛球放在拍面上，右手手掌朝上。将球抛向空中的头顶区域，然后进行正手或反手的头顶击球。球离开球拍后，快速从肩部举起手臂，向后引拍，引拍结束时拍头朝下。肘部带动手臂向上伸直。剧烈转动小臂与手腕，举高球拍并尽量在最高点完成击球。将身体重心从后脚转移到前脚上。拍面触球时应该处在向下的角度，而且触球之前你的手要在球拍前面。合格回球的标准是，落点位于前场前双打发球线的附近或前面。完成20次正手回球和20次反手回球，必要时将羽毛球收集在一起。

要增加难度

- 每次回球后都恢复到准备姿势。
- 交替使用正手和反手进行击球。
- 每次击球后朝网前移动，摸一下前发球线，然后回到后场。
- 使用更重的网球拍代替羽毛球拍，增加负荷。

要降低难度

- 将身体转为侧身击球的姿势。
- 开始时球拍已经朝上。
- 开始时身体重心已经转移到前脚上。

成绩检查

- 肘部朝上，球拍向下指。
- 手持球拍向上够球。
- 快速引拍。

成绩计分

完成20次合格的正手吊球 = 5分

完成15～19次合格的正手吊球 = 3分

完成10～14次合格的正手吊球 = 1分

你的得分 ____

完成20次合格的反手吊球 = 5分

完成15 ~ 19次合格的反手吊球 = 3分

完成10 ~ 14次合格的反手吊球 = 1分

你的得分 ＿＿＿

你的总得分 ＿＿＿

吊球练习6　发球与回头顶吊球

这不是一个回合性练习，因此开始时要准备5 ~ 6个羽毛球。负责喂球的一方发出容易接的高远球，让另一方能够轻松回球。接球方使用正手或反手头顶吊球来回每一个球，力求过网即坠。喂球一方站在前发球线附近，而接球方则站在后场的双打后发球线附近。高质量回球的落点应该位于球网与发球方场地的前发球线之间。接球方完成30次正手回球和30次反手回球，然后与喂球方交换角色。

成绩检查

● 拍头在前带动。

● 羽毛球的飞行角度向下。

● 使用球拍摩擦球，使其刚好过网。

成绩计分

完成30次合格的正手头顶吊球 = 10分

完成20 ~ 29次合格的正手头顶吊球 = 3分

完成10 ~ 19次合格的正手头顶吊球 = 1分

你的得分 ＿＿＿

完成30次合格的反手头顶吊球 = 10分

完成20 ~ 29次合格的反手头顶吊球 = 3分

完成10 ~ 19次合格的反手头顶吊球 = 1分

你的得分 ＿＿＿

你的总得分 ＿＿＿

吊球练习 7　吊球三拍回合练习

负责喂球的一方发出容易接的高远球，而接球方使用正手或反手头顶吊球技术，回一个刚好过网后就下落的吊球。喂球方站在其前发球线附近，并回给接球方一个网前下手吊球。整个回合持续三拍，因此开始时喂球方要准备 4 ~ 6 个羽毛球。合格回球的落点应该位于球网与双方场地的前发球线之间。这是一项持续性的练习。完成 30 次正手回球，然后交换角色，再执行 30 次反手回球。

因为在每个回合结束时，原本喂球的一方回给接球方的是吊球，两名球员也可以选择在每个回合开始时交换角色。即球员 A 发球给球员 B，而球员 B 回一个正手头顶吊球给球员 A。球员 A 回给球员 B 一个下手吊球。球最后落在球员 B 的场地上，因此下一回合开始时，球员 B 可以率先发球。完成 30 次正手回球，然后重复以上过程，再完成 30 次反手回球。

成绩检查

● 肘部在前带动。

● 伸直手臂，在身体前方触球。

● 拍面角度向下。

成绩计分

完成 30 次合格的正手吊球 = 10 分

完成 20 ~ 29 次合格的正手吊球 = 5 分

完成 10 ~ 19 次合格的正手吊球 = 1 分

你的得分 ＿＿＿

完成 30 次合格的反手吊球 = 10 分

完成 20 ~ 29 次合格的反手吊球 =5 分

完成 10 ~ 19 次合格的反手吊球 = 1 分

你的得分 ＿＿＿

你的总得分 ＿＿＿

吊球练习 8　高远球—吊球—吊球—高远球的持续性回合

负责喂球的一方发出容易接的高远球，而接球方使用正手或反手回一个过网的头顶吊球。发球方接下来回球时放小球。接球方移动到网前，回一个下手高远球。每个回合都按照高远球—吊球—吊球—高远球的击球顺序进行。喂球方一开始需要准备 1～2 个羽毛球。这是一项持续性的练习，回合应该一直进行下去。合格回球的落点应该位于前发球线附近或内部。

要增加难度

● 每次回球后都返回中场，并恢复到准备姿势。

● 打出快速吊球，或者交替打出斜线吊球与直线吊球。

● 要求击球员在中场位置等待。要求搭档掺杂着打一些速度更快的斜线吊球，这样击球员必须移动更远的距离，或者以更快的速度移动，才能完成有效回球。

要降低难度

● 提前将身体转为侧身击球的姿势。

● 开始时右臂已经举起，球拍也已经朝下。

● 开始时身体重心已经转移到前脚上。

成绩检查

● 使用正确的握拍与准备姿势。

● 使用球拍摩擦羽毛球，让球落在近网处。

● 尽力让回合持续下去。

成绩计分

在一个持续回合内完成 30 次合格的高远球—吊球—吊球—高远球 = 10 分

在一个持续回合内完成 20～29 次合格的高远球—吊球—吊球—高远球 = 5 分

在一个持续回合内完成 10～19 次合格的高远球—吊球—吊球—高远球 = 1 分

你的得分 ＿＿＿

吊球练习9 斜线吊球回合

回合开始时，球员A发一个高远球到球员B的正手或反手后场（图5.9）。球员B回一个对角线或斜线吊球。球员A向前跨出一小步，通过摩擦球放一个直线的网前吊球。球员B回放一个网前吊球到球员A的网前。球员A打一个斜线高远球到球员B的正手或反手后场，然后开始下一回合。两名球员轮流击球的顺序是：高远球，斜线吊球，网前吊球，网前吊球，斜线高远球。吊球时可以全部使用正手，也可以全部使用反手，或者混合使用正手与反手。这是一项持续性的练习，主要训练球员斜线移动的速度或步法。

要增加难度

● 回合的最后一球由斜线高远球随机改为斜线网前吊球。

● 降低高远球的高度，缩短练习搭档的回球时间。

● 加快吊球的速度，缩短练习搭档的回球时间。

要降低难度

● 提升高远球的高度，增加练习搭档的回球时间。

● 减慢吊球的速度，增加练习搭档的回球时间。

● 将练习分为两半，一半只包含正手训练内容，而另一半只包含反手训练内容。

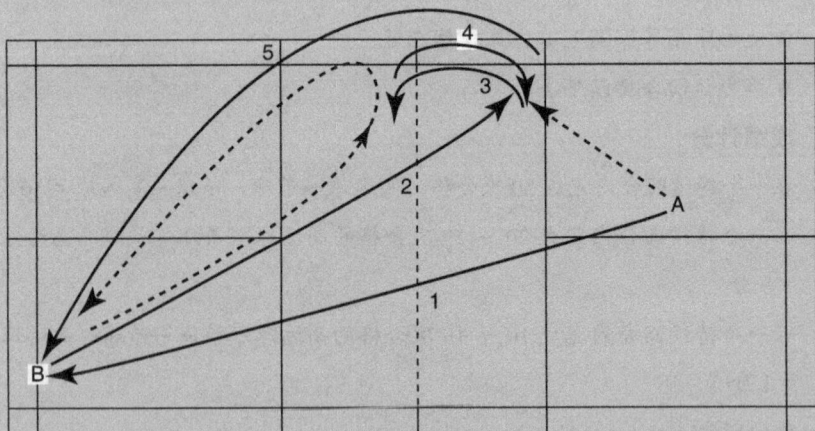

图5.9 斜线吊球回合

成绩检查

● 拍头在前带动。

● 羽毛球的飞行角度向下。

● 使用球拍摩擦球, 使其刚好过网。

成绩计分

连续完成 5 个回合 = 10 分

连续完成 3 ~ 4 个回合 = 5 分

连续完成 1 ~ 2 个回合 = 1 分

你的得分 ____

吊球的总结

一定要尽快掌握吊球技术。将球拍向前推送, 在身体前方尽可能早地触球。拍头在前, 手臂向上挥动球拍。打头顶吊球时, 拍面向下与球摩擦。手持球拍自然地完成随挥动作。左脚蹬地后, 身体顺势回到中场, 即算完成吊球动作。

持续练习吊球, 直到你的击球动作稳定、节奏感好, 击球有效、准确和有力为止。尝试将每次击球动作都录下来, 并与教练大声探讨其中的不足之处。在接着学习下一步骤之前, 记录下你在本步骤中的练习得分。

吊球练习

1. 网前下手吊球得分 ____（10 分）

2. 网前勾对角得分 ____（5 分）

3. 网前搓小球得分 ____（5 分）

4. 网前放小球得分 ____（10 分）

5. 自抛式头顶吊球得分 ____（10 分）

6. 发球与回头顶吊球得分 ____（20 分）

7. 吊球三拍回合练习得分	＿＿（20分）
8. 高远球—吊球—吊球—高远球的持续性回合得分	＿＿（10分）
9. 斜线吊球回合得分	＿＿（10分）
总得分	＿＿（满分100分）

　　总分为100分，如果你获得70分以上的成绩，就可以继续学习下一步了。如果你的得分低于70，重复自己认为难度最大的练习。邀请一位教练、老师或有经验的球员对你的技巧进行评估。

　　步骤6中将讲述杀球。杀球通常是一种落点较短或较浅的扣球，双打中尤为常见。双打比赛的目标是获得进攻优势并保持下去。双打中的大部分回球都应该向下飞到对手的场地中。杀球类似于排球运动中的大力扣杀。杀球将结束回合，而赢得回合的个人或搭档将得一分。

步骤 6 / 杀球

杀球的特点是球速快，向下的力量大，球的飞行轨迹陡峭，用于扣杀过高的球和半场球。杀球的击球点只能在头顶位置。大力杀球可以获得极快的球速，但你首先要把握好时机与平衡。除了速度之外，高质量头顶杀球最重要的特点就是向下的角度。与高远球或吊球相比，杀球的击球点在身前更远的位置。调整拍面角度，让球向下的角度更大。如果杀球的角度足够陡峭，对手很难接到球。

球员在杀球时，还要注意杀球的一些特点。如果杀球被接过来，你的恢复时间会很短。头顶杀球需要耗费很多体力，可能很快让你筋疲力尽。此外，你距离球网越远，杀球的轨迹就会越平缓。因此，为了将杀球的威力发挥到最大，一定要选择正确的杀球时机。杀球时距离球网越远，球在飞向对手的过程中就会越快失去速度，

从而降低对手回球的难度。

在比赛中，头顶杀球的主要价值是让对手准备或回球的时间不足，从而回出高球和半场球。杀球在双打比赛中被大量使用。高速运动摄影显示，当头顶杀球到达对手场地一侧时，速度大约只有原来的 1/3 了。杀球的角度越陡，对手的反应时间就越短。此外，杀球的落点越准确，对手要覆盖的场地面积就越大。

向下角度不足的杀球通常效果不大。球在空中停留的时间越长，对手就有越多时间准备回球。但如果对手已经准备好接大角度的杀球，偶尔打一个较平的重杀球，球的高度在肩部左右而非腰部以下，可以让对手出乎意料而毫无防备。防守球员以为来球是一个大角度的杀球，球拍放得很低，再想举起球拍接球已经来不及了，因而错过接球。

正手杀球

正手头顶杀球的目的应该是，让自己看起来好像是要打头顶高远球或吊球。区别主要在于挥拍速度。要打出高质量的正手头顶杀球，应该使用握手式握拍，沿着羽毛球的飞行方向移动到球后方的位置（图6.1a）。移动到位以后，以腰部为中轴转动肩部，侧对球网。向后引拍，拍头位于肩胛后而且方向朝下，同时右臂的肘部向上抬。

肘部在前，带动手臂向上挥拍去迎球，在身体前方的最高点完成头顶正手杀球。拍头在向外挥动去触球的过程中，必须保持很快的速度（图6.1b）。保持身体平衡，获得来自肩部、右臂与手腕的最大合力。触球后，小臂快速内旋，沿着球的飞行方向向下完成随挥，最后拍头朝下（图6.1c）。将身体重心从后脚转移到前脚上时，左肩与左臂辅助上半身完成大幅的旋转，双脚交叉，借力回到中场。

a   b   c

图6.1 正手杀球

准备姿势	执行过程	随挥动作
1. 使用握手式（开枪式）握拍。	1. 将身体重心转移到后脚上。	1. 向下挥拍，停在身体的另一侧。
2. 恢复到等待或接发球站位。	2. 伸出左臂以保持平衡。	2. 双脚交叉后蹬地。
3. 转动肩部，双脚前后分开。	3. 手腕弯曲，向后引拍。	3. 顺势返回中场。
4. 举起右臂，拍头朝上。	4. 向前上方挥拍，触球点尽可能高。	
5. 将身体重量分布在双脚上。	5. 同时向外和向上挥拍，拍面朝下。	
	6. 左臂辅助加快上半身旋转的速度。	
	7. 拍头沿着羽毛球的方向移动。	

误区

手臂摆动的时机不好，导致杀球效果较差，打不到球或者回球质量太差。

纠正

花更多时间练习杀球动作，掌握正确的触球时机。

误区

身体失去平衡，杀球时无法产生最大的速度与力量。

纠正

左臂保持伸展，以保持平衡。

即使杀球的初始速度高达每小时200英里以上，但球在过网后会很快失去速度，飞行角度变为朝下。高速运动摄影分析表明，羽毛球在到达对手之前就已经失去了约2/3的速度。

杀球的大力击球动作类似于网球运动中的高球扣杀，目的是杀死对手回过来的所有短球。你可以将球推到网前球员的身后，迫使后场球员回出高球，给你的搭档创造出杀球的机会。杀球在双打中特别有效，它会让对手犹豫谁应该回球。触球越早，触球点越高，你所回的杀球就越快和越尖。

在双打比赛中，使用杀球和劈杀的目的是为同伴创造网前杀球的机会。球员们经常从后场杀球，不是为了直接得分，而是为了让同伴赶到网前将球杀死。

反手杀球

反手杀球是一项高级技术，需要准确的时机把握、较高的技术水平与良好的手眼协调能力。步骤8中也会讨论反手杀球的内容。头顶反手杀球的目的应该是，让自己看起来好像是要打头顶高远球或吊球。区别主要在于挥拍速度。要打出高质量的反手头

顶杀球，应该使用反手（拇指贴把式）握拍，沿着来球方向移动到球后方的位置（图6.2a）。移动到位以后，以腰部为中轴转动肩部，背对球网。向下引拍，拍头朝下，同时小臂与地板保持平行。在这种准备姿势中，球拍与反手握拍的拇指朝下。

误区

反手杀球力量不足。

纠正

力量不足可能是握拍不对导致的。正手与反手杀球均使用握手式或开枪式握拍，但反手杀球时拇指在上。这种拇指贴把式握拍可以加大杠杆，从而产生更大的力量。

肘部在前，带动手臂向上挥拍去迎球，在身体前方的最高点完成头顶反手杀球。拍头在向外挥动去触球的过程中，必须保持很快的速度（图6.2b）。保持身体平衡，获得来自肩部、右臂与手腕的最大合力。触球后，小

臂快速外旋，沿着球的飞行方向向下完成随挥，最后拍头朝下（图6.2c）。将身体重心从后脚转移到前脚上时，上半身大幅旋转，顺势回到中场。反手杀球在过网后会很快失去速度，角度变为向下。

a

b

c

图 6.2　反手杀球

准备姿势

1. 使用反手握手式握拍，拇指在上。
2. 恢复到等待或接发球站位。
3. 转动肩部，背对球网。
4. 举起右臂，与地板平行。
5. 拍头朝下。
6. 将身体重量分布在双脚上。

执行过程

1. 一开始将身体重心放在后脚上。
2. 伸出左臂以保持平衡。
3. 手腕弯曲，拇指向下，向后引拍。
4. 向前上方挥拍，触球点尽可能高。
5. 同时向外和向上挥拍，拍面朝下。
6. 左臂辅助加快上半身旋转的速度。
7. 拍头沿着羽毛球的方向移动。

随挥动作

1. 沿着球的飞行方向挥拍。
2. 球拍自然向下完成随挥。
3. 使用小臂，后脚蹬地。
4. 上半身转动，借助身体重心的转移返回中场。

误区

反手杀球质量较差，近似于一个反手平抽球。

纠正

准备姿势不对会导致反手杀球质量变差。快速移动到正确的击球位置上。转动肩部的同时举起两只手臂。使用正确的反手握拍，这样才能做到快速外旋。

反手杀球的大力击球动作的目的是杀死对手回过来的所有短球。在双打中，反手杀球也会让对手犹豫谁应该回球。触球越早，触球点越高，你所回的杀球就越快和越尖。

初学者与中等水平的球员在杀球时，经常会出现技术不对和击球质量差的问题。初学者与中等水平的球员还没有练出有效完成反手杀球所必需的手眼协调能力。通过反复练习，球员在头顶杀球时就能掌握更好的时机，保持更好的平衡，从而取得更好的效果。

杀球练习1 带负荷杀球

将球拍放在拍套内，拿着练习正手与反手的上手挥拍动作。所增加的重量与空气阻力有助于加强持拍臂的力量和耐力。

成绩检查

● 左臂举起以保持平衡。

● 肘部上抬，手腕弯曲，球拍后倒，完成向后引拍的动作。

● 手腕与手在前，带动球拍向上挥动。

成绩计分

完成30次正手杀球的引拍＝5分

完成30次反手杀球的引拍＝5分

你的得分＿＿＿＿

杀球练习2 自抛式杀球

这不是一个回合性练习，因此开始时要准备5~6个羽毛球。你的搭档也应该准备5~6个羽毛球。你与搭档隔网而立，分别站在各自场地的中场附近，具体就是在双打后发球线前面3~4英尺（约1米）的位置。手掌朝上持拍，将球放到拍面上。使用下手将球抛到右肩前方。使用正手或反手头顶击球动作向上挥动球拍，再将球向下杀向搭档的脚边。合格回球的落点位于搭档站在中场的双脚附近。完成30次正手杀球和30次反手杀球。

成绩检查

● 拍头在前带动。

● 羽毛球的角度向下。

● 球拍快速闪动。

成绩计分

完成30次合格的正手杀球＝10分

完成20~29次合格的正手杀球＝5分

完成10~19次合格的正手杀球＝1分

你的得分 _____

完成30次合格的反手杀球＝10分

完成20~29次合格的反手杀球＝5分

完成10~19次合格的反手杀球＝1分

你的得分 _____

你的总得分 _____

杀球练习3 发球与回杀球

这不是一个回合性练习，因此开始时发球方要准备5~6个羽毛球。你与搭档隔网而立，分别站在各自场地的中场附近，具体就是在双打后发球线前面3~4英尺（约1米）的位置。发球方发出容易接的下手高远球，而接球方使用正手或反手头顶击球动作，将球向下杀向搭档的脚边（图6.3）。合

图6.3　发球与回杀球练习

格回球的落点位于搭档站在中场的双脚附近。发球方不用接杀球。这是一项重复性练习，接球方完成30次正手杀球和30次反手杀球后，双方交换角色。

成绩检查

● 拍头在前带动。

● 在身体前方触球。

● 球的角度向下。

成绩计分

完成30次合格的正手杀球＝10分

完成20～29次合格的正手杀球＝5分

完成10～19次合格的正手杀球＝1分

你的得分＿＿＿＿

完成30次合格的反手杀球＝10分

完成20～29次合格的反手杀球＝5分

完成10～19次合格的反手杀球＝1分

你的得分＿＿＿＿

你的总得分＿＿＿＿

杀球练习 4　发球—杀球—吊球回球

这是一项持续三拍的回合练习，因此发球方需要准备 1 ~ 2 个羽毛球。回合开始时，发球方发一个容易接的高远球。接球方使用正手或反手头顶杀球动作，将球回到搭档的脚边。发球方站在自己半场的中线附近，使用网前吊球来接杀球。在这项重复性练习中，每名球员都应该完成至少 30 次发球—杀球—吊球的过程，然后双方交换角色。合格杀球的角度应该向下，而且落点位于搭档的双脚附近。合格网前吊球的落点应该位于球网与前发球线之间。

成绩检查

● 拍头带动。

● 手臂伸直。

● 接杀时使用球拍摩擦球，将球刚好回过网。

成绩计分

完成 30 个合格的正手回合 = 10 分

完成 20 ~ 29 个合格的正手回合 = 5 分

完成 10 ~ 19 个合格的正手回合 = 1 分

你的得分 _____

完成 30 个合格的反手回合 = 10 分

完成 20 ~ 29 个合格的反手回合 = 5 分

完成 10 ~ 19 个合格的反手回合 = 1 分

你的得分 _____

你的总得分 _____

杀球练习 5　高远球—杀球—吊球—高远球的重复性回合

负责喂球的一方（球员 A）准备 1 到 2 个羽毛球。球员 A 发出容易接的下手高远球（图 6.4），而接球方（球员 B）使用正手或反手头顶杀球，将球回到搭档的脚边。发球方接着回一个放小球（第 3 拍）。接球方移动到网前，回

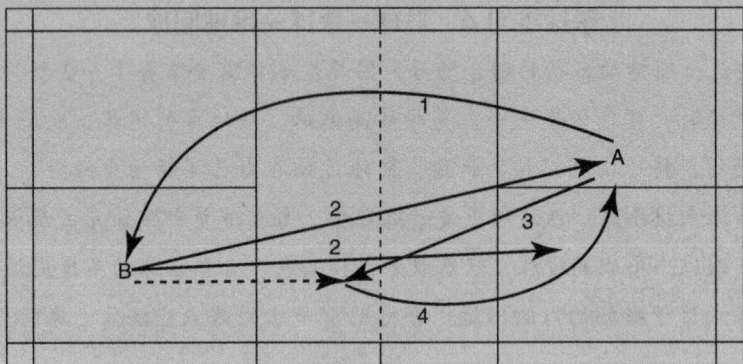

图 6.4　高远球—杀球—吊球—高远球的重复性回合

一个下手高远球（第 4 拍）。每个回合都按照高远球—杀球—吊球—高远球的击球顺序进行。合格吊球的落点应该位于前发球线附近或内部。这是一项重复性的练习，回合应该一直进行下去。

要增加难度

● 每次回球后都返回中场，并恢复到准备姿势。

● 打出快速杀球，或者交替打出斜线吊球与直线吊球。

● 返回中场之前触摸球网。

● 要求搭档打出更贴网的吊球，让自己必须移动更远的距离或提高移动的速度才能完成有效回球。

● 要求搭档结合使用斜线吊球，让自己必须移动更远的距离或提高移动的速度才能完成有效回球。

要降低难度

● 提前将身体转为侧身击球的姿势。

● 开始时右臂已经举起，球拍角度也已经略微朝下。

● 开始时身体重心已经转移到左脚上。

● 要求搭档打出更加远网的吊球，让自己可以移动更短的距离或降低移动的速度就能完成有效回球。

● 回出过网更高的吊球，给搭档更多时间回球。

成绩检查

● 杀球角度向下，落点位于搭档脚边。

● 接杀时使用球拍摩擦羽毛球，让球过网时很贴网。

● 尽力让回合持续下去。

成绩计分

回合持续至少 5 分钟而且不出现失误 = 10 分

回合持续 3 ~ 4 分钟而且不出现失误 = 5 分

回合持续 1 ~ 2 分钟而且不出现失误 = 1 分

你的得分 ____

杀球练习 6　直线杀球回球

因为这不是一个回合性练习，因此开始时喂球方要准备 5 ~ 6 个羽毛球。两名球员隔网而立，分别站在各自场地的中场附近，具体就是在双打后发球线前面 3 ~ 4 英尺（约 1 米）的位置。回合开始时，发球方发一个容易接的高远球，而接球方回一个沿着边线的直线杀球。合格回球的落点位于中场的边线附近。发球方不用去接杀球。在这项重复性练习中，接球方完成 30 次直线杀球的回球，然后双方交换角色。

成绩检查

● 手臂伸直。

● 在身体左侧的前方触球。

● 球的飞行角度向下。

成绩计分

完成 30 次合格的杀球 = 10 分

完成 20 ~ 29 次合格的杀球 = 5 分

完成 10 ~ 19 次合格的杀球 = 1 分

你的得分 ____

杀球练习7 对角线正手杀球回合

回合开始时，球员A发一个高远球到球员B的正手或反手后场（图6.5）。球员B打一个对角线或斜线杀球。球员A向网前跨出一小步，回一个直线的网前吊球。球员B回放一个网前吊球到球员A的场地。球员A打一个斜线高远球到球员B的正手或反手后场，然后回合重新开始。击球顺序是高远球、斜线杀球、吊球、吊球与斜线高远球。这是一项重复性的回合练习，主要目的是训练在球场上的对角线移动速度或步法。

要增加难度

● 每次回球后都返回中场，并恢复到准备姿势。

● 打出更加快速的对角线杀球。

● 要求搭档打出更贴网的吊球，让自己必须移动更远的距离或提高移动的速度才能完成有效回球。

● 回合的最后一球由高远球随机改为斜线网前吊球，让自己必须移动更远的距离或提高移动的速度才能完成有效回球。

成绩检查

● 角度向下，将球杀向搭档的脚边。

● 接杀球时使用球拍摩擦羽毛球，让球过网时尽量贴网。

● 尽力让回合持续下去。

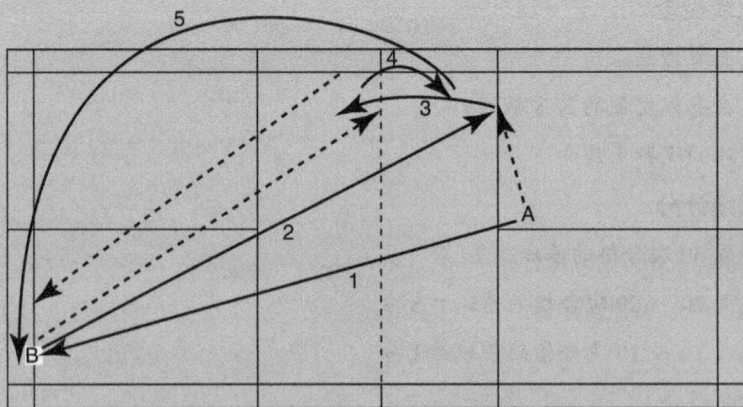

图6.5 对角线正手杀球

成绩计分

回合持续至少 5 分钟而且不出现失误 = 10 分

回合持续 3 ~ 4 分钟而且不出现失误 = 5 分

回合持续 1 ~ 2 分钟而且不出现失误 = 1 分

你的得分 ＿＿＿

杀球的总结

一定要尽快掌握杀球技术。将球拍向前推送，在身体前方尽可能早地触球。拍头在前，手臂向上挥动球拍。打头顶杀球时，拍面向下，猛然发力。手持球拍自然地完成随挥动作。左脚蹬地后，身体顺势回到中场，即算完成杀球动作。

持续练习杀球，直到你的杀球动作稳定而有节奏，击球有效、准确和有力为止。尝试将每次击球动作都录下来，并与教练大声探讨其中的不足之处。在接着学习下一步骤之前，记录下你在本步骤中的练习得分。

杀球练习

1. 带负荷杀球得分	＿＿＿（10 分）
2. 自抛式杀球得分	＿＿＿（20 分）
3. 发球与回杀球得分	＿＿＿（20 分）
4. 发球 – 杀球 – 吊球回球得分	＿＿＿（20 分）
5. 高远球 – 杀球 – 吊球 – 高远球的重复性回合得分	＿＿＿（10 分）
6. 直线杀球回球得分	＿＿＿（10 分）
7. 对角线正手杀球回合得分	＿＿＿（10 分）
总得分	＿＿＿（满分 100 分）

总分为 100 分，如果你获得 75 分以上的成绩，就可以继续学习下一步

了。如果你的得分低于 75 分，重复自己认为难度最大的练习。邀请一位教

练、老师或有经验的球员对你的技巧进行评估。

　　步骤7中将讲述平抽。平抽球的网上飞行轨迹较平，而且与地板平行。平抽球的速度变化很大，会带给对手不一样的感觉。有些中场平抽球很快失去速度，仅落在半场附近。另一些平抽球的速度与杀球相同，很快飞到对手的后场。双打比赛中经常使用平抽，迫使对手为了应对推球或中场平抽而回出高远球，从而使己方处于进攻态势。

步骤 7 / 平抽

平抽的特点是角度较平，过网的飞行轨迹是水平的。正手与反手平抽的出球高度比球网略高，飞行弧线是水平或略微向下的。击球动作类似于侧身投掷动作，球通常沿着场地的边线飞行。正手与反手平抽通常在肩部与膝盖之间的高度进行，落点为对手中场的左侧或右侧，因此对步法有一定的要求，强调使用并步或滑步跑到击球位置后够球。

在单打与双打比赛中，平抽是球速较快，带有一定攻击性的回球，让对手只能老老实实起高球。如果打平抽球时减小力量，就更像是推球或中场平抽。

平抽的首要目标是让球快速飞过网，然后在重力的作用下掉在地板上。将球打到远离对手的位置，迫使对手快速移动。通过让球低于球网的高度，缩短对手的回球时间，增加对手回高球的概率。如果你的平抽球准确而有效，对手就需要匆忙地回球，因此也会变得疲惫。更快更平的平抽球可以让球飞到对手的身后，导致对手的回球质量变差。还有一种选择是将平抽球打向对手的身体，使其回球困难。这种击球给对手的反应时间很短，可以有效控制对手，使其回球质量变差或者根本无法回球。

平抽的线路选择可以是跨越球场的斜线，也可以是沿着边线的直线。如果在膝盖高度以下大力平抽，羽毛球过网时会向上飞，从而让对手获得优势。节奏较慢的中场平抽在网上到达飞行高度的顶点，然后就开始下降。在双打中，如果你不想给对手高球，这种球就特别有价值。

正手平抽

当来球位于你所在场地中心的正手侧，而且高度位于肩部与膝盖之间时，你的回球选择之一是正手平抽。从准备姿势开始，球员需要使用右臂与右腿去抽球，才能去打正手位较低的来球。如果要回正手平抽球，以左脚为轴转动肩部，使用右臂与右腿完成回球。肘部与手腕弯曲，向后引拍（图 7.1a）。使用握手式握拍，手掌朝上，球拍与地板平行。

右臂向前挥动时，将身体重心放在右脚上。右臂伸直，小臂外旋，触球时手腕弯曲（图 7.1b）。右脚脚尖应该指向边线。右腿弯曲后再伸直蹬地，顺势回到中场。在右脚前的最高点击球，击球点距离身体要足够远，才不会影响到挥拍。正确的动作顺序应该是肘部伸展，小臂旋转和手腕发力。

误区

触球时手臂没有完全伸直，而且击球点太靠近身体。

纠正

击球点与身体保持足够的距离，才不会对出拍造成限制。

手与手腕带动右臂自然完成随挥。小臂的快速内旋提供了大部分力量。球拍首先触球，然后沿着羽毛球的飞行方向继续向前挥动（图 7.1c）。正手平抽时小臂继续内旋，动作结束时手掌朝下。触球后快速转移身体重心，右腿与右脚蹬地，顺势回中场。

a

准备姿势

1. 使用握手式握拍。
2. 恢复到等待或接发球站位。
3. 举起右臂到胸前位置。
4. 将身体重量平均分布在双脚上。

b

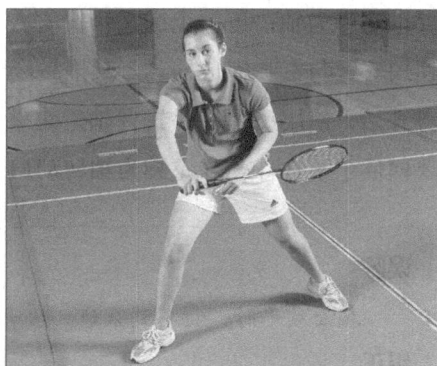
c

图 7.1　正手平抽

执行过程

1. 使用右脚去够球。
2. 以左脚为轴，将身体转动到来球方向。
3. 手腕弯曲，手掌朝上，向后引拍。
4. 肘部在前带动向前挥拍。
5. 触球点尽可能高。
6. 通过小臂内旋来发力。
7. 手与手腕翻转。

随挥动作

1. 沿着球的飞行方向继续向上挥拍。
2. 朝球网方向自然地挥拍。
3. 动作结束时手掌朝下。
4. 右脚蹬地。
5. 顺势返回中场。

误区

回球时不够快速。

纠正

肘部弯曲在前，小臂与地板平行。手臂伸直，然后球拍快速闪动。

反手平抽

当来球位于你所在场地中心的反手侧，而且高度位于肩部与膝盖之间时，你的回球选择之一是反手平抽。如果要在反手侧回较低的平抽球，需要以左脚为轴，迈一个交叉步，然后使用右臂与右腿完成回球。从准备姿势开始，使用反手握手式握拍。如果要回反手平抽球，以左脚为轴转动肩部，使用右臂与右腿完成回球。肘部与手腕弯曲，向后引拍。使用反手握手式握拍，手掌朝下，球拍与地板平行（图7.2a）。

误区

拍面放平时，打不到来球。

纠正

这个问题通常是由握拍错误而引起的。使用握手式（开枪式）握拍，如果是反手平抽，还要求拇指在上。去够来球时，小臂带动手腕发力，为有效完成平抽击球提供所需的力量。

右臂向前挥动时，将身体重心放在右脚上。右脚脚尖应该指向边线。右腿弯曲，以便能够通过蹬地回到中场。右臂伸直，小臂内旋，触球时手腕弯曲（图7.2b）。在右脚前的最高点击球，击球点距离身体要足够远，才不会影响到挥拍。正确的动作顺序应该是肘部伸展，小臂旋转和手腕发力。

手与手腕带动右臂自然完成随挥。小臂的快速外旋提供了大部分力量。球拍首先触球，然后沿着羽毛球的飞行方向继续向前挥动（图7.2c）。反手平抽时小臂继续外旋，动作结束时手掌朝上。触球后快速转移身体重心，右腿与右脚蹬地，顺势回中场。

a

准备姿势

1. 使用反手握手式（拇指贴把式）握拍。
2. 恢复到等待或接发球站位。
3. 举起右臂到胸前位置。
4. 将身体重量平均分布在双脚上。

b

c

图 7.2　反手平抽

执行过程

1. 使用右脚去够球。
2. 以左脚为轴，将身体转动到来球方向。
3. 右肘弯曲。
4. 手腕弯曲，手掌朝下，向后引拍。
5. 肘部在前带动向前挥拍。
6. 触球点尽可能高。
7. 通过小臂外旋来发力。
8. 手与手腕翻转。

随挥动作

1. 沿着球的飞行方向继续向上挥拍。
2. 朝球网方向自然地挥拍。
3. 动作结束时手掌朝上。
4. 右脚蹬地。
5. 顺势返回中场。

误区

有时候打平抽球时手腕弯曲过度。使用闪腕一词可能不太恰当，小臂旋转要更加准确。

纠正

快速移动到正确的击球位置上，在正确的时间触球。通过专注与练习，你的技术与时机把握都会得到提高。

在各种水平的羽毛球比赛中，打平抽球时都会出现错误。持续的重复与练习能让你在球场上获得更大的成功。

平抽练习 1　带负荷平抽

将球拍放在拍套内，拿着练习正手与反手的平抽挥拍动作。所增加的重量与空气阻力有助于加强持拍臂的力量和耐力。持拍做出鞭打的动作。完成30 次正手负荷挥拍与 30 次反手负荷挥拍。

成绩检查

● 完成平抽侧身挥拍的动作。

● 手腕弯曲，向后引拍。

● 肘部在前带动球拍继续向前挥动。

● 击球结束时，如为正手手掌朝下，如为反手则手掌朝上。

成绩计分

完成 30 次正手平抽的引拍＝5 分

完成 30 次反手平抽的引拍＝5 分

你的得分 ＿＿＿＿

平抽练习 2　中场回推球或平抽球

球员 A 将球抛向或打向站在中场附近的球员 B。球员 B 将右脚朝边线方向迈出，从正手侧打出一个侧手的推球或平抽球（图 7.3）。这些推球或平抽球的落点应该位于后场端线与球网之间。球员 C 将球回给球员 A。如此重复3 次后，球员之间交换角色，直到每名球员在每个位置上都待过为止。在反手侧重复这项练习。

成绩检查

● 右脚与右肘在前。

● 右臂从肘部开始伸直。

● 在中场附近，将球沿着边线推过网。

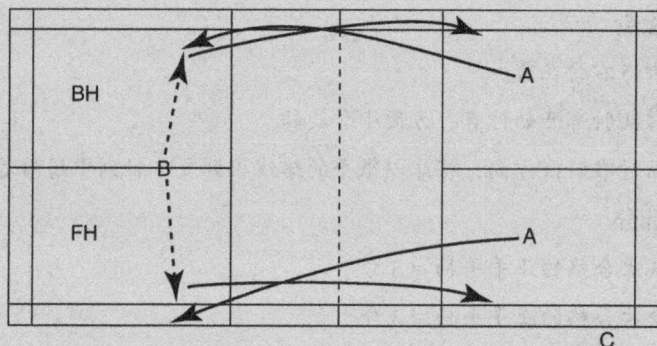

图7.3 从中场回推球或平抽球

成绩计分

完成3次合格的正手平抽 = 5分

完成2次合格的正手平抽 = 3分

完成1次合格的正手平抽 = 1分

你的得分 ____

完成3次合格的反手平抽 = 5分

完成2次合格的反手平抽 = 3分

完成1次合格的反手平抽 = 1分

你的得分 ____

你的总得分 ____

平抽练习3 网前斜线平抽球

球员A以上手将球抛给站在中场附近的球员B。球员B将右脚朝边线方向迈出，从正手侧打出一个斜线的推球或平抽球。这些侧手的斜线推球或平抽球在距离网口很近的位置飞过网，落点应该位于前发球线与后场端线之间。球员G将球回给球员A。如此重复3次后，球员之间交换角色。球员A取代球员G，球员B取代球员A，而球员G跑到球员F的身后，如此直到每名球员在每个位置上都待过为止。在反手侧重复这项练习。

成绩检查

● 右脚与右肘在前。

● 右臂从肘部开始伸直，方便小臂旋转。

● 拍面对准斜线方向，将球以很平的路线推到或平抽到中场附近。

成绩计分

完成 3 次合格的正手平抽 = 5 分

完成 2 次合格的正手平抽 = 3 分

完成 1 次合格的正手平抽 = 1 分

你的得分 _____

完成 3 次合格的反手平抽 = 5 分

完成 2 次合格的反手平抽 = 3 分

完成 1 次合格的反手平抽 = 1 分

你的得分 _____

你的总得分 _____

平抽练习 4　抛球后平抽

这不是一项回合性练习，因此需要准备 5～6 个羽毛球。自行将一个羽毛球抛向自己的正手或反手侧，然后打一个平抽球。合格平抽球的落点应该位于站在球网对面搭档的附近或身后。完成 20 次正手平抽回球与 20 次反手平抽回球，而球网对面的搭档也是如此。

成绩检查

● 脚蹬地，使用右手与右脚去够球。

● 通过小臂内旋带动球拍高速击球。

● 击球结束时，如为正手手掌朝下，如为反手则手掌朝上。

成绩计分

完成 20 次合格的正手平抽 = 5 分

完成 15～19 次合格的正手平抽 = 3 分

完成 10 ～ 14 次合格的正手平抽 = 1 分

你的得分 ＿＿＿＿

完成 20 次合格的反手平抽 = 5 分

完成 15 ～ 19 次合格的反手平抽 = 3 分

完成 10 ～ 14 次合格的反手平抽 = 1 分

你的得分 ＿＿＿＿

你的总得分 ＿＿＿＿

平抽练习 5　平抽回球

这不是一个回合性练习，因此负责喂球的一方要准备 5 ～ 6 个羽毛球。喂球方打出容易接的中场平抽球，而接球方使用正手或反手平抽球来回每一个球。合格回球的落点应该位于站在中场喂球同伴的附近或身后。这是一项重复性练习，接球方至少完成 30 次回球，然后与喂球方交换角色。

成绩检查

● 开始时肘部在前，手掌朝上。

● 小臂内旋，击球结束时手掌朝下。

● 打出路线较平的侧手球。

成绩计分

完成 30 次合格的平抽 = 10 分

完成 20 ～ 29 次合格的平抽 = 5 分

完成 10 ～ 19 次合格的平抽 = 1 分

你的得分 ＿＿＿＿

平抽练习 6　分组平抽回合

开始这个回合需要 4 名球员站在场上，分为 2 组，每组的 2 人隔网而立。球员 A 沿着边线打出容易接的、路线较平的中场正手推球或平抽球给球员 B，而球员 B 回一个反手平抽球给球员 A。球员 C 沿着边线打出容易接的、路线较平的中场正手推球或平抽球给球员 D，而球员 D 回一个反手平抽球给球员 C。这是一项回合性练习，因此球员们开始需要准备 1～2 个羽毛球。这也是一项重复性练习，所有球员都应该完成尽量多的平抽回球，让回合一直继续下去。回球的路线应该较平，而且距离同伴足够近，以便回合继续。合格回球的标准应该是，球被直接打回给中场附近的同伴。

要增加难度

● 4 名球员共用一个球，可以提高防守技巧与拍面控制能力。角度更快更平的直线与斜线平抽对于准备姿势与反应能力的要求更高。

● 每次击球后都恢复到准备姿势。

● 在每两次平抽之间的间歇，侧身并步去摸中线，然后恢复准备姿势。

● 让平抽球的线路更快更平，击球时间更早，击球点在身前更靠前的位置。这种平抽－平抽－平抽的回球过程速度非常快，你根本没有时间迈步，只能根据同伴的出球速度与方向来转动髋部，并迅速将握拍在正手与反手之间来回调整。

要降低难度

● 每个回合只打 2 拍，重点强调球拍控制与抽球的方向控制。

● 针对中场的正手或反手平抽，提前将身体转到相应的一侧。

● 在正手或反手平抽之前，提前使用右臂做好向后引拍的姿势。

● 提前将身体重心转移到右腿与右脚上，右臂提前做好向后引拍的姿势。

成绩检查

● 肘部在前。

● 快速挥拍，完成快速的平抽－平抽过程。

● 将回球打向同伴的身体。

成绩计分

回合持续至少 5 分钟而且不出现失误＝10 分

回合持续 3～4 分钟而且不出现失误＝5 分

回合持续 1～2 分钟而且不出现失误＝1 分

你的得分 ____

平抽练习7　重复性平抽回合

这是一项回合性练习，开始时需要准备1～2个羽毛球。发球方打出一个容易接的中场平抽球，而接球方使用正手或反手平抽将球回给发球方（图7.4）。这是一项重复性练习，所有球员都应该完成尽量多的平抽回球，让回合一直继续下去。回球的路线应该较平，而且距离同伴足够近，以便回合继续。合格回球的标准应该是，球被直接打回给中场附近的同伴。

要增加难度

● 每次回球后都恢复到准备姿势。

● 交替使用正手与反手打出头顶平抽球。

● 在每两次平抽之间的间歇，侧身并步去摸单打边线，然后恢复准备姿势。

● 让平抽球的线路更快更平，击球时间更早，击球点在身前更靠前的位置。这种平抽－平抽－平抽的回球过程速度非常快，你根本没有时间迈步，只能根据同伴的出球速度与方向来转动髋部，并迅速将握拍在正手与反手之间来回调整。

要降低难度

● 针对中场的正手或反手平抽，提前将身体转动为侧身站位。

● 在正手或反手平抽之前，提前使用右臂做好向后引拍的姿势。

● 提前将身体重心转移到右腿与右脚上，同时右臂提前做好向后引拍的姿势。

图 7.4　重复性的平抽回合练习

成绩检查

● 肘部在前。

● 快速挥拍，完成快速的平抽－平抽过程。

● 将回球打向同伴的身体。

成绩计分

回合持续至少 5 分钟而且不出现失误 = 10 分

回合持续 3 ~ 4 分钟而且不出现失误 = 5 分

回合持续 1 ~ 2 分钟而且不出现失误 = 1 分

你的得分 ____

平抽练习 8　交替打直线与斜线平抽球

这是一项回合性练习，开始时需要准备 1 ~ 2 个羽毛球。球员 A 只打直线平抽球，而球员 B 只打斜线平抽球。球员 A 打一个容易接的中场直线平抽球到球员 B 的反手侧，而球员 B 回一个斜线平抽球到球员 A 的反手侧（图 7.5）。然后，球员 A 回一个直线推球或平抽球，球员 B 再接着回一个正手斜线平抽球。这是一项重复性练习，所有球员都应该完成尽量多的平抽回球，让回合一直继续下去。回球的路线应该较平，而且距离同伴足够近，以便回合继续。合格回球的标准应该是，无论直线还是斜线，落点应该在中场附近。回合结束时，两名球员可以交换角色，让球员 A 打斜线平抽球，而球员 B 打直线平抽球。

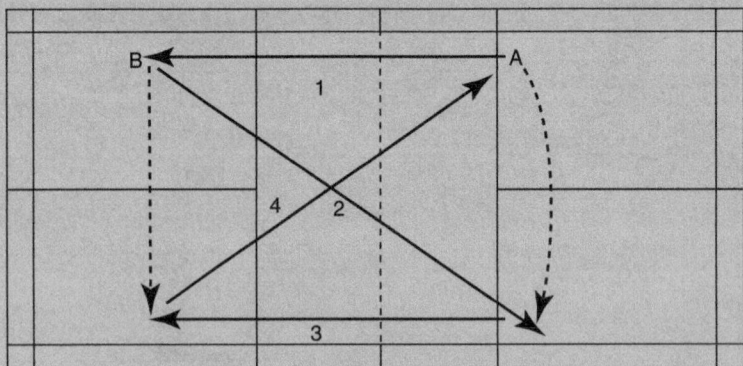

图 7.5　交替打直线与斜线平抽球

成绩检查

- 右臂从肘部开始伸直，随后小臂旋转。
- 在受控的情况下挥拍，将球推送到中场。
- 交替打出斜线与直线的平抽球。

成绩计分

回合持续至少 5 分钟而且不出现失误 = 10 分

回合持续 3 ~ 4 分钟而且不出现失误 = 5 分

回合持续 1 ~ 2 分钟而且不出现失误 = 1 分

你的得分 _____

平抽的总结

在请人观察和评估你的正手与反手平抽技术之前，一定要使用正确的握拍并尽快掌握。

一定要尽快掌握平抽技术。在右腿或右脚前方尽可能早地触球。这些击球方式需要使用的步法是，快速并步去够球，然后迅速调转方向回到中场。肘部带动右臂向外摆动，做出侧身投掷动作。手持球拍自然地完成随挥动作。小臂一定要猛烈旋转，击球

结束时，如为正手则手掌朝下，如为反手则手掌朝上。脚蹬地后身体顺势回到中场，即算完成平抽动作。

持续练习正手与反手平抽，直到你的抽球动作类似于快速鞭打，击球有效、准确和有力为止。尝试将每次击球动作都录下来，并与教练大声探讨其中的不足之处。在接着学习下一步骤之前，记录下你在本步骤中的练习得分。

平抽练习

1. 带负荷平抽得分 _____（10 分）

2. 中场回推球或平抽球得分 _____（10 分）

3. 网前斜线平抽球得分 _____（10 分）

---

4. 抛球后平抽得分	___（10分）
5. 平抽回球得分	___（10分）
6. 分组平抽回合得分	___（10分）
7. 重复性平抽回合得分	___（10分）
8. 交替打直线与斜线平抽球得分	___（10分）
总得分	___（满分80分）

总分为80分，如果你获得60分以上的成绩，就可以继续学习下一步了。如果你的得分低于60，重复自己认为难度最大的练习。邀请一位教练、老师或有经验的球员对你的技巧进行评估。

下一步骤中将讲述高级技术，包括更加高级的头顶击球，网前高阶技术提升，更高水平比赛中所需要的发球与接发球技术，以及击球时使用假动作。此步骤以基本技术为基础，帮助球员从初学者成长为更富竞争力的羽毛球运动员。

步骤 8 / 高级技术

高级技术包含的技巧与练习不针对初学者。这些技术是为精英运动员而设计的，需要更高水平的运动能力与训练方式。下面将会讲到的高级技术分为5部分，包括头顶击球、网前球、发球与接发球、假动作与花式球。在学习这些更加高级的技巧与技术之前，初学者与中级球员必须掌握羽毛球的基本技术与基础内容。然而，即便是对于如何完成这些高级技术毫无经验的球员，也可以只为了娱乐或练习的目的而进行尝试。职业球员需要这些高级技术，但业余球员则很少使用它们。想要将自己提升到精英级别的球员，在这个步骤中可以获益良多，而打球只是为了乐趣的业余球员可以选择跳过此步骤。

头顶击球

击球组合是在保持一致性与控制力的情况下，再现一个顺序随机的回球序列的能力。所有头顶击球的准备姿势都是侧身击球站位，左腿在前，右腿在后（图8.1a）。

所有头顶击球都应该动作一致。头顶击球的过程是，身体重心从右脚迁移到左脚上，转动上身，背部弓起，然后手臂伸直（图8.1b）。身体正面的肌肉舒展，背部弓起。身体猛烈旋转，右臂向上挥动（伸直）迎接来球。双腿伸直，推动身体向上，然后双脚交叉带动肩部转动。右脚与上身同时向前摆动，可以产生额外的力量。如果身体腾空击球，这个双脚交叉的动作会导致右脚向前摆动，而左脚向后摆动，从而吸收掉落地时的大部分动能。

沿着球的飞行方向，向下完成随挥（图8.1c）。小臂内旋，通过手与手腕让球拍自然完成随挥。动作结束时，右手手掌朝外或者离开身体的方向。

121

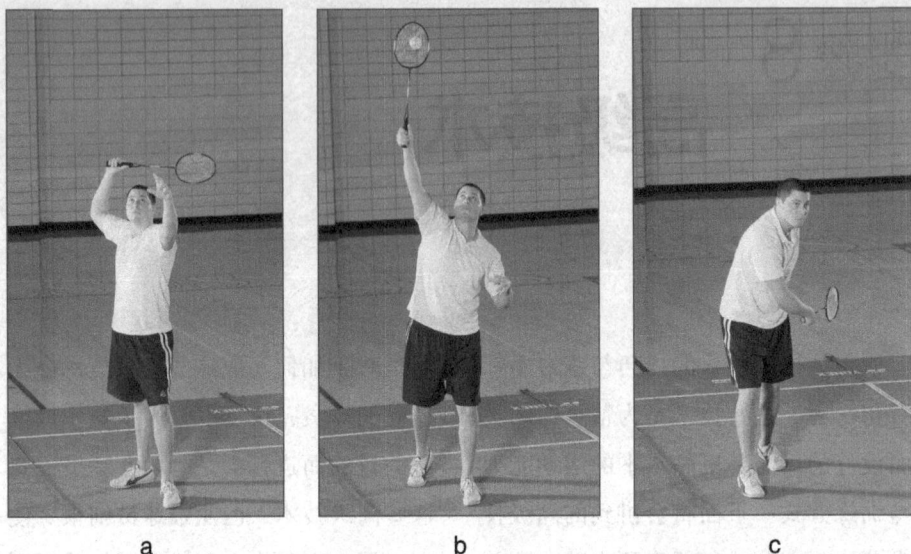

a　　　　　　　　b　　　　　　　　c

图 8.1　头顶击球

准备姿势

1. 采用侧身击球站位。
2. 左腿在前，右腿在后。

执行过程

1. 转移身体重心。
2. 转动上半身。
3. 背部弓起。
4. 手臂伸直去够球。
5. 双腿交叉。

随挥动作

1. 采用侧身击球站位。
2. 向上挥动球拍，在右肩前方迎接来球。
3. 拍面朝外触球，将球向上打。
4. 上身大幅旋转，沿着球的飞行路径挥动球拍。

5. 将身体重心从后脚转移到前脚。
6. 通过小臂内旋产生所需的绝大部分力量。
7. 使用手与手腕让球拍与手臂减速。
8. 动作结束时，右手手掌朝外或者离开身体的方向。

误区

　　头顶击球的力量不足，或者球总是下网。

纠正

　　头顶击球缺少力量的原因可能是，开始时没有采用侧身击球站位，身体重心没有转移或转移不够，手臂没有完全伸直，上身的转动幅度不够，小臂旋转的幅度不够，或者随挥动作不够完整。

过顶击球

过顶击球可以提供更多力量与假动作（图 8.2），因此回球落点更深而且速度更快。双腿的大幅交叉动作产生的落地冲击力，是球员非支撑腿所承受身体重量的 3 ~ 4 倍。这个动作也可以让球员顺势返回中场。

误区

过顶击球的力量不足，或者球总是下网。

纠正

过顶击球缺少力量的原因可能是，击球时没有绕头，身体重心没有转移或转移不够，小臂旋转不完整，肩部的灵活性不够，或者随挥动作不够完整。

误区

完成过顶击球后，恢复很慢。

纠正

完成击球后，左脚蹬地，顺势回到中场。

触球

1. 在左肩上方触球。
2. 上身大幅旋转，让球拍沿着球的飞行路径挥出。
3. 通过小臂内旋获得所需的绝大部分力量。
4. 身体重心从右脚转移到左脚上，然后复原。
5. 使用手与手腕让球拍与手臂减速。
6. 动作结束时，右手手掌朝外或者离开身体的方向。

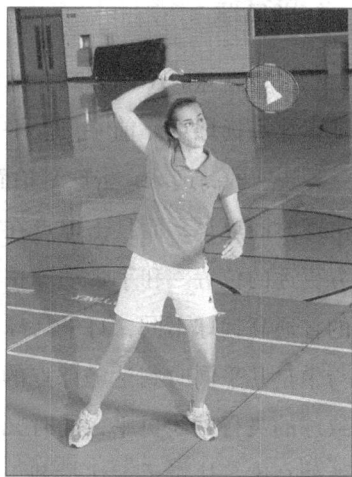

图 8.2　过顶击球

过顶击球要求击球点在球员的左肩上方。当对手的回球打向反手侧时，过顶击球就提供了一种可能有力与快速的回球方式。身体应该向反手侧略微弯曲，同时身体重心主要落在左脚上，否则就与普通的正手击球没什么两样了。右臂围绕着头后挥动球拍，当手臂伸直并前摆迎接来球时，几乎刚好从头上掠过。肩部高度灵活才能正确完成这种击球。在左肩上方的最高点处击球。触球后，在随挥过程中，身体重心从左脚转移到右脚上。过顶的高远球、吊球或杀球都可以用于拦截反手侧的快速平高球。

特别在双打比赛中，球员面对球网时经常打出过顶击球，因为这种击球不需要交叉双腿。当来球又快又平，来不及变换站位时，这些类型的过顶击球是必不可少的。在这种进攻态势下回出的抽球或杀球，过网时的轨迹是向下或水平的。

误区

肩部不灵活，无法执行完整的挥拍动作，导致击球错误。

纠正

通过练习提高灵活性。在日常训练中加入伸展练习。

平高球

打平高球时（图 8.3），拍面的触球点比高远球更靠前一点。平高球是一种快速的高远球，击球时拍面更平，击球时间更早，而且击球点在右肩前方更远的位置。和手带动球拍去击球的普通高远球不同，打平高球时球拍与手是几乎同时到达触球点的。这导致球的飞行路线更平，同时又具有足够的高度，让对手无法拦截，只能快速移动到后场。

要想打出平高球，开始时必须采用侧身击球站位。向上挥动球拍，在右肩前方迎接来球。拍面朝外去触球，打出较平的飞行路线。通过上身大幅旋转，让球拍沿着球的飞行路线挥动。将身体重心从后脚转移到前脚。小臂内旋，产生所需的绝大部分力量。使用手与手腕让球拍与手臂减速。动作结束时，右手手掌朝外或者离开身体的方向。

如果你的平高球力量不足，原因可能如下。

触球

1. 在右肩前方向外击打球。
2. 调整拍面角度，打出较平的路线。
3. 挥动球拍和手，二者同时到达触球点，然后将球向前送（不是向上）。

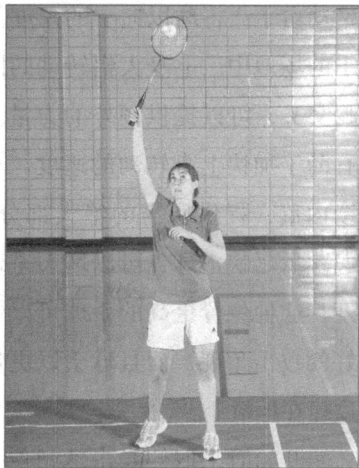

图 8.3 平高球

- 开始时没有采取侧身击球站位。
- 身体重心没有转移或转移不够。
- 手臂没有完全伸直。
- 上身旋转的幅度不够。
- 右手带动球拍击球，导致球的飞行路线比预想的要高。

- 小臂旋转幅度不够。
- 没有执行完整的随挥。

跳杀与起跳吊球

跳杀（图 8.4）的触球点应该位于右肩前方，球拍明显位于手前。拍面

触球

1. 起跳后双腿交叉。
2. 上身大幅转动。
3. 在右肩前方触球。
4. 手臂伸直，随后小臂剧烈内旋。
5. 拍面带动右手，把球向下打。

图 8.4 跳杀

带动右手，将球以向下的角度打到对手的场地中。上身大幅转动的同时双腿交叉，可以提供额外的力量。左臂有助于加快上身转动的速度。小臂继续内旋，提供所需的绝大部分力量。起跳后尽快击球，可以增大杀球的角度。这种位置更高的杀球可以创造更好的攻击角度，而且球会以更快的速度掉在地板上。

开始时采取侧身击球站位。腿部弯曲然后立即用力伸展，跳到空中。向上挥动球拍，在右肩前方迎接来球。拍面朝外触球，打出较平的球。上身大幅旋转，沿着球的飞行路径挥动球拍。通过有力的起跳将动力传递给上身，便于做上身大幅转动与双腿交叉的动作。双腿交叉动作也有助于动力

的传递，因为右腿往前迈的同时左腿向后伸。通过小臂内旋产生所需的绝大部分力量。使用手与手腕让球拍与手臂减速。动作结束时，右手手掌朝外或者离开身体的方向。

如果你的跳杀力量不足，原因可能如下。

● 开始时没有采取侧身击球站位。
● 身体重心没有转移或转移不够。
● 手臂没有完全伸直。
● 上身旋转的幅度不够。
● 右手带动球拍击球，导致球的飞行路线比预想的要高。
● 小臂旋转幅度不够。
● 没有执行完整的随挥。

起跳吊球（图 8.5）的执行过程与跳杀几乎完全一样，除了大幅的小臂

触球

1. 起跳到空中，双腿交叉。
2. 上身大幅旋转。
3. 在右肩前方触球，但在触球之前减缓挥拍速度。
4. 手臂伸直后减小小臂内旋的幅度，通过摩擦将球打到对手的前场中。
5. 拍面在前带动手，将球向下打。
6. 沿着回球方向，向下完成随挥。

图 8.5 起跳吊球

旋转与手腕动作部分。该动作在触球之前就已经放慢速度,通过摩擦将球送到对手的前场。这种击球的作用就是让对手误以为你要杀球。

劈杀与劈吊

劈杀(图 8.6)介于重杀与劈吊之间。它的落点比劈吊深,但比重杀浅。劈杀时球有一个减速过程,因此落地的角度更陡峭。劈吊的过网速度比普通吊球快,因此给对手的反应时间更短,因此在双打中特别有效。击球时不使用平的拍面,而是快速挥拍去切球。这种击球具有一定的欺骗性,球的落点也很浅。

劈杀的执行过程与重杀几乎完全一样,但要略微转动拍面,以便通过切球动作大幅降低杀球的速度。劈杀时球有一个减速过程,因此落地的角度更陡峭,落点也没那么深。在单打中,劈杀的落点是左右边线附近。而在双打中,也可以将球打到对手两名球员之间的中场区域,造成对手的回球犹豫。可以在靠近后场或中场的任意位置进行劈杀。劈杀的目的是以减速为伪装,让对手误以为你要重杀。此外在单打中,劈杀的欺骗性可以导致直接得分。在双打中,劈杀的目的是让对手起高球,这样己方就有更好的机会杀球并得分。

如果你的劈杀力量或欺骗性不足,原因可能如下。

● 开始时没有采取侧身击球站位。

● 身体重心没有转移或转移不够。

● 手臂没有完全伸直,暴露了你的回

触球

1. 采用侧身击球站位。

2. 向上挥拍,在右肩前方迎接来球。

3. 使用切球动作将球向下打,这将降低球的总体速度,从而创造出劈杀的效果。

4. 球拍沿着出球方向挥动,上身大幅旋转。

5. 将身体重心从右脚转移到左脚。

6. 使用手与手腕让球拍与手臂减速。

7. 动作结束时,右手手掌朝外或者离开身体的方向。

图 8.6 劈杀

球意图。

- 上身旋转的幅度不够，双脚平行站位暴露了你的回球意图。
- 右手带动球拍击球，导致球的落点太深。
- 小臂旋转幅度不够。
- 没有执行完整的随挥。

　　劈吊的准备动作看起来应该与杀球一样，但不要全力击球，而是要通过摩擦让球落在刚过前发球线的位置。稍微放慢向前挥拍的速度，将球打到对手的场地内。劈吊的过网速度比普通吊球要快，让对手没有多少时间做出反应，同时让对手的回球选择变少。劈吊的飞行路线毫无疑问是向下的，不应该存在任何弧线。劈吊会给对手一种不同的感觉，即球在飞行的过程中会改变速度。

反手杀球

　　反手杀球需要准确的时机把握、较高的技术水平与良好的手眼协调能力。反手杀球的目的应该是，让自己看起来好像是要打头顶高远球或吊球。这几种击球方式的主要区别在于挥拍速度。使用反手杀球的大力击球动作，杀死对手回过来的所有短球，或者迫使对手回出高球。在双打中，反手杀球也能造成对方两名球员的回球犹豫。

　　向着来球移动时，肘部上抬，从肩部举起右臂。拍头朝下，屈起手腕。使用反手（拇指贴把式）握拍可以增加杠杆。用力伸直右臂，肘部在前带动小臂快速外旋。这里的小臂外旋提供了击球所需的大部分力量。手腕自然屈起，手臂完全伸直（图 8.7）。手

触球

1. 使用反手（拇指贴把式）握拍。
2. 通过小臂旋转产生力量。
3. 手腕屈起，让手与球拍自然完成随挥。
4. 手臂完全伸直。

图 8.7 　反手杀球

与拍头沿着出球方向，向下完成随挥。必须快速挥拍，在最高点完成击球。拍面必须朝下。

参见步骤 6 中关于反手杀球的更多信息。

劈吊

快速的劈吊与基本的直线吊球的区别在于，前者过网后的落点要深一点。这是一种速度较快的击球，堪比角度很好的杀球。劈吊的准备动作与杀球（参见第 94 页图 6.1 正手杀球，或第 97 页图 6.2 反手杀球）相同，击球角度也向下，但击球时球拍必须从左至右与球接触（图 8.8），类似于网球运动中的带切发球。拍面略微朝里，角度约为 40 ~ 45 度。在右肩上方一点钟方向处触球，球拍略微倾斜包切球托，创造出切球效果。劈吊从正手侧或反手侧均可完成。

滑板吊球

滑板吊球的准备动作与杀球相同，击球角度也向下（参见第 94 页图 6.1 正手杀球，或第 97 页图 6.2 反手杀球）。但它类似于过顶击球，特别是身体动作和球的落点。向上挥拍，从右至左击球，创造出一种反向切球效果，以及最大程度的小臂内旋（图 8.9）。拍面略微朝外，角度约为 40 ~ 45 度。在右肩上方一点钟方向处触球，球拍略微倾斜包切球托，创造出切球效果。

触球

1. 拍面角度朝里。

2. 在右肩上方触球。

3. 击球时从左至右摩擦羽毛球，创造出切球效果。

图 8.8　正手劈吊

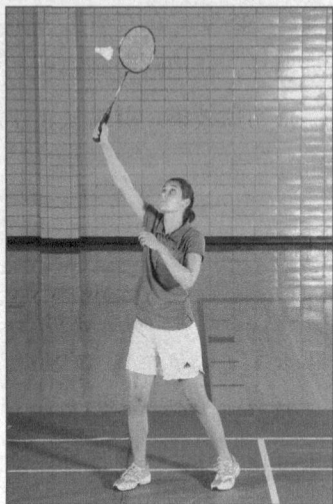

触球

1. 向上挥拍。
2. 拍面角度略微朝外。
3. 在约一点钟方向处触球。
4. 在右肩上方触球。
5. 击球时从右至左摩擦羽毛球，创造出切球效果。

图 8.9　正手劈吊

反手劈吊

与反手杀球（参见第 97 页图 6.2）相似，反手劈吊（图 8.10）也需要大幅度的反手头顶动作，对来球进行包切。触球点位于约 11 点钟方向，拍面的倾斜角度决定了击球的斜线角度。

快速的反手劈吊与基本的直线吊球的区别在于，前者过网后的落点要深一点。这是一种速度较快的击球，堪比角度很好的反手杀球。反手劈吊

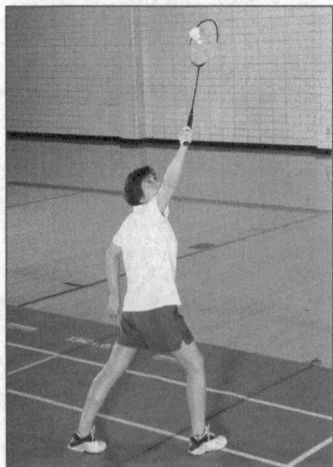

触球

1. 在约 11 点钟方向处触球。
2. 使用反手动作击球。
3. 拍面呈 40 ~ 45 度角。
4. 球拍从右至左包切球托。

图 8.10　反手劈吊

的准备动作与反手杀球（第 97 页图 6.2 反手杀球）相同，击球角度也向下，但击球时球拍必须从右至左包切球托。拍面略微朝里，角度约为 40 ~ 45 度。

在右肩上方 11 点钟方向处触球，球拍略微倾斜包切球托，创造出切球效果。反手劈吊十分具有欺骗性，很难预判。

头顶击球练习 1　混双杀球与接杀

开始这个回合时只需要准备一个羽毛球。这是一项重复性练习。男子球员 B 从左半场发短球给女子球员 A。球员 A 挑一个斜线高远球，然后按照对角线退到后场。球员 B 回一个斜线杀球给球员 A。她将尝试接杀球并挡一个直线球到球员 B 的正手位。球员 B 回一个容易接的推球到中场。然后，球员 A 挑一个高远球到球员 B 的右侧后场，然后按照对角线退到后场。球员 B 杀一个斜线球给球员 A，然后球员 A 挡一个直线球到球员 B 的反手位。球员 B 再次回一个容易接的推球到中场。球员 A 回一个高远球到球员 B 的反手或左侧后场。回合按照以上击球顺序一直进行。这是一项重复性练习，男球员应该杀斜线球，然后女球员接杀挡直线，让回合一直持续下去。回球的飞行路线应该较平，并足够靠近对方球员，以便回合继续。合格的回球应该在中场附近沿着直线或斜线飞行。尽可能延长每个回合的进行时间。

要增加难度

● 球员 B 使用直线平抽或斜线推球，将球推向两个角或网前吊球。通过扩大练习区域，将各个角落都包含进来，球员可以增强长回合中的耐力与控制力。

● 男球员可以提高杀球的速度，从而减少女球员的恢复时间。

要降低难度

● 球员 B 使用较高或较慢的推球，将球推向两个角或网前。通过缩小练习区域，将各个角落都排除在外，球员获得了更多时间用于控制与学习，从而延长了实际回合的时间。

● 男球员可以降低杀球的速度，从而增加女球员的恢复时间。

成绩检查

● 杀球时，肘部在前带动手臂伸直，然后小臂旋转。

● 有控制地挥拍，将球推向中场。

● 女球员能够控制斜线平高球与近边线的直线吊球两种回球。

成绩计分

回合持续至少60秒而且不出现失误 = 10分

回合持续45～59秒而且不出现失误 = 5分

回合持续30～44秒而且不出现失误 = 1分

你的得分 ____

头顶击球练习2　12拍回合

这些持续时间较长的回合重点练习一些高级击球技术，即在比赛中从球场各个位置的回球选择。使用下面的12拍回合练习自己的击球技术，并让回合持续下去。练习开始时，可以在球场右侧或左侧发一个单打发球。练习过程中要更多地注重正手或反手回球。

回合1

1. 从右侧场地发一个单打高球。

2. 直线高远球。

3. 回直线高远球。

4. 斜线吊球。

5. 回放网前。

6. 直线高远球。

7. 直线高远球。

8. 直线高远球。

9. 斜线吊球。

10. 回放网前。

11. 直线高远球。

12. 直线高远球。

回合 2

1. 从左侧场地发一个单打高球。

2. 直线高远球。

3. 回直线高远球。

4. 斜线吊球。

5. 回放网前。

6. 直线高远球。

7. 直线高远球。

8. 直线高远球。

9. 斜线吊球。

10. 回放网前。

11. 直线高远球。

12. 直线高远球。

回合 3

1. 从右侧场地发一个单打高球。

2. 直线高远球。

3. 回直线高远球。

4. 斜线吊球。

5. 回放网前。

6. 直线高远球。

7. 直线高远球。

8. 直线高远球。

9. 斜线吊球。

10. 回放网前。

11. 直线高远球。

12. 直线高远球。

回合 4

1. 从左侧场地发一个单打高球。

2. 直线高远球。

3. 回直线高远球。

4. 斜线吊球。

5. 回放网前。

6. 直线高远球。

7. 直线高远球。

8. 直线高远球。

9. 斜线吊球。

10. 回放网前。

11. 直线高远球。

12. 直线高远球。

成绩检查

● 高远球打得又高又远。

● 向下杀球时具有一定速度。

● 吊球的落点比较贴网。

● 平抽球又快又平。

成绩计分

完成 3 ~ 4 个回合而且不出现失误 = 10 分

完成 2 个回合而且不出现失误 = 5 分

完成 1 个回合而且不出现失误 = 1 分

你的得分 ____

网前击球

在羽毛球运动中，网前击球的战术相当丰富。球网在你与你的对手之间竖起一道屏障，同时也为网前击球提供了目标。因为回球必须高于球网，而球网有 5 英尺高，网前球给对手的反应时间更短。必须在球落地之前完成击球，因此时间是极为重要的。更加高级的网前球可以让你的对手跑起来，并增加了对手犯错的可能性。

单打与双打都需要一些网前技术。与双打相比，单打中使用网前吊球的频率更高。但双打中你有一个同伴，因此你可以在网前更加具有攻击性。网前或后场的慢速吊球让双打伙伴拥有更多反应时间，因此它们在双打中比在单打中更具有吸引力。单打比赛需要更多的跑动，也更加需要耐心。慢速吊球要求球员跑动更远的距离和覆盖更大的场地。

搓球

搓球（图 8.11）可以使用正手，也可以使用反手。从侧面切击球托的底部，让球翻滚着过网，让对手很难回球。对手要想回球，必须等到球停止翻滚后垂直下落的时候，而这需要一定的时间。对手必须等到球快要落到地板上时，才能使用球拍击打球托进行回球。搓球与步骤 5 中讲到的网前吊球很像，不同之处在于球过网时会翻滚。

勾对角

对于非常近网的吊球，常见的回球是挑高球。但如果够到球的点较低，就有机会回一个勾对角（图 8.12）。勾

触球

1. 以左脚为轴，右脚与右手伸向来球方向。
2. 将球拍放在下落羽毛球的下方。
3. 手腕弯曲。
4. 触球点尽可能高，并使用下手动作从侧面切球，让球翻滚或旋转。
5. 将身体重心前移到右脚上。

图 8.11　搓球

135

图 8.12　勾对角

触球

1. 以左脚为轴，右脚与右手伸向来球方向。
2. 将球拍放在下落羽毛球的下方。
3. 手腕弯曲。
4. 触球点尽可能高，并使用下手动作从侧面切球，让球沿对角线方向飞行。
5. 将身体重心前移到右脚上。

对角可以使用正手，也可以使用反手。由于触球点较低，球员需要将拍面倾斜大约 45 度，从侧面将球勾过网。球应该沿对角线方向飞到球网对面，网口为飞行路线的最高点，随后落在对手的场地中。这种回球要求对手快速移动才能进行回球，但球在空中飞行的时间也更长，因此对手有更多时间移动到位。

吊球练习 1　正手角

　　教练或喂球员站在球网对面的右侧或左侧前发球线外侧，并将球抛向正手角。球员只能回吊球到教练站的角落。球员应该完成 10 次正手吊球和 10 次反手吊球。

要增加难度

● 球员必须回吊球到两个边角或网前，直线与斜线吊球均可。通过扩大练习区域，将各个角落都包含进来，球员可以增强实际比赛中的耐力与控制力。

成绩检查

● 执行下手吊球动作。

● 将球拍放在来球下方，然后从肩部位置挑球。

● 使用右手与右脚够球。

● 如果使用正手击球，动作结束时手掌朝上，否则手掌朝下。

成绩计分

连续完成10次正手吊球＝5分

连续完成10次反手吊球＝5分

你的得分 ＿＿＿

吊球练习2 两个角

教练或喂球员站在球网对面的右侧或左侧前发球线外侧，并将球抛向球员的正手或反手角。球员只能使用直线与斜线吊球，将球回到教练站的角落。

成绩检查

● 执行下手吊球动作。

● 将球拍放在来球下方，然后从肩部位置挑球。

● 使用右手与右脚够球。

● 如果使用正手击球，动作结束时手掌朝上，否则手掌朝下。

成绩计分

连续完成10次正手吊球＝5分

连续完成10次反手吊球＝5分

你的得分 ＿＿＿

吊球练习 3 三个角

教练或喂球员站在球网对面的右侧或左侧前发球线外侧，并将球打向三个角中的任意一个。球员使用吊球将球回到教练站的角落。

成绩检查

- 执行下手吊球动作。
- 将球拍放在来球下方，然后从肩部位置挑球。
- 使用右手与右脚够球。
- 如果使用正手击球，动作结束时手掌朝上，否则手掌朝下。

成绩计分

连续完成 10 次正手吊球 = 5 分

连续完成 10 次反手吊球 = 5 分

你的得分 ____

发球与接发球

发球与接发球是羽毛球运动中最重要的一种击球方式，因为每一分都是从发球与接发球开始的。新式计分规则规定每局都要得分。

这个步骤中讲述的高级发球与接发球技术，需要更多技巧与拍面控制。这些技术的攻击性更强，可以给对手施加更多压力。这些高级的发球与接发球技术将会带给对手不同的感受，并出乎对手的意料之外。这些发球与接发球的动作应该完全一致，并尽量减少失误。有些发球与接发球还具有欺骗性，能让对手失去平衡。这种欺骗性让对手无法在发球或接发球时进行攻击，并有助于降低失误的可能性。相反，这可以增加对手在发球或接发球时失误的概率。

反刷发球

反刷发球结合了 20 世纪 70 年代的一种老式发球（现在已经属于发球违例）的特点，即发球时首先接触羽毛。现在，发球必须首先接触球托。但球员可以使用左手拿球，2 到 3 根手指放在球裙内，大拇指在外，球托向后指向身体（图 8.13a）。反刷发球一般使

准备动作

1. 左手持球。

2. 将 2 到 3 根手指放到羽毛球的球裙中。

3. 将大拇指放在羽毛外面。

4. 球托指向身体。

a

b

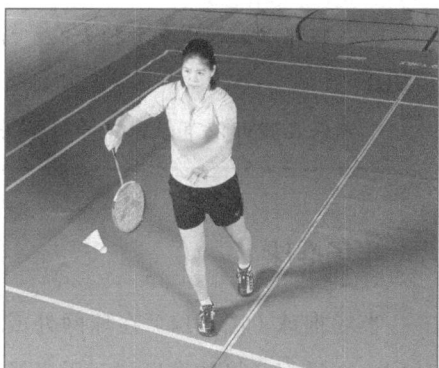

c

图 8.13　反刷发球

执行过程

1. 向前挥动球拍，接触球托。

2. 拍面略微倾斜，使用向下切球动作擦过球。

3. 击球时带下旋。

4. 当球离开拍面时，让球翻转起来。

随挥动作

1. 拍头向下，并从左至右经过羽毛球的球托。

2. 动作结束时，球拍位于右侧而且朝下。

3. 由于拍面触球时是倾斜的，因此手腕和手最后也是向下的。

4. 拍头继续沿弧线挥动。

5. 将球拍提起到身体前方，准备好接对手的各种回球。

用反手，但也可以使用正手。球拍向前触球时，拍面略微倾斜（图 8.13b），使球带点下旋。当球离开发球员的拍面并飞行过网时，会与接球员预想的不太一样。这样造成的翻转效果可以降低接球员对发球进行攻击的能力。

随挥动作（图 8.13c）向下，并从左至右（针对右手持拍的球员）经过羽毛球的球托。动作结束时，球拍位于右侧而且朝下，由于拍面触球时是倾斜的，因此手腕和手最后也是向下的。拍头继续沿弧线挥动，将球拍提起到身体前方，准备好接对手的各种回球。

误区

在腰部以上触球或者拍头位于持拍手上方，导致发球违例。

纠正

确保在腰部以下触球，并将拍头放在持拍手的下方。

半场推球

半场推球（图 8.14）在球网处或球网上方进行，将球推送到对手半场的空当处。请注意，是推球不是拍球。这在双打中是一种非常有效的回球。单打中也可以偶尔使用，但在双打中使用的频率很高。使用半场推球时，球越过对方的网前球员，迫使后

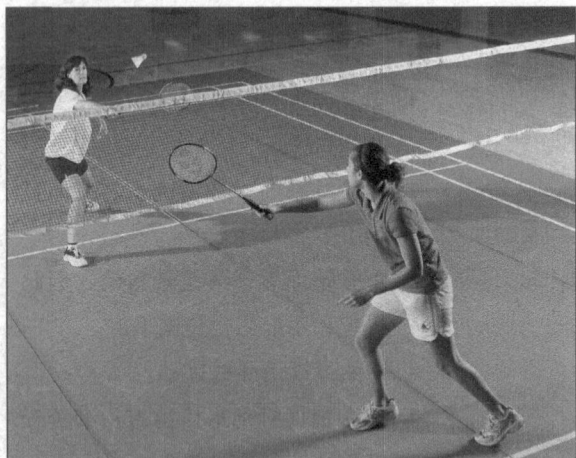

图 8.14 半场推球

执行过程

1. 推球，不要拍球。
2. 将球打到中场附近靠近边线的位置。
3. 保持前后站位的进攻态势。

场球员在球网高度以下接球，并将球朝上打。

半场推球还可以导致对方两名球员出现犹豫，不知道该谁接球。触球越早，触球点越高，网前推球的飞行路线就越陡峭。

误区

回球或挥拍力量过大，导致回球出界。

纠正

要时刻注意比赛场地的边界（单打或双打）。学会使用足够的力量将球打向目标位置，但同时也要具有细腻的手感，控制球不要出界。

发球与接发球练习1　半场推球

球员A开始发一个过网短球。球员A的同伴站在球员A身后，做好准备姿势。接球员将球推到中场附近单打边线与双打边线之间的区域，让发球员够不到球，要求发球员的同伴进行回球。

当接球员完成10次正手推球与10次反手推球后，与同伴交换位置与角色。一定要在两边的发球区都完成这项练习。每位接球员都应该完成10次正手推球与10次反手推球。

成绩检查

● 推球，不要拍球。

● 将球打到中场附近靠近边线的位置。

● 保持前后站位的进攻态势。

成绩计分

完成至少10次正手回球，同时不出现失误 = 5分

完成至少10次反手回球，同时不出现失误 = 5分

你的得分 ____

发球与接发球练习 2　推球回合

开始回合的同伴需要准备 1 ~ 2 个羽毛球。球员 A 只能回直线推球，而球员 B 只能回较慢的抽球到中场位置。球员 A 开始轻推或者轻抽一个容易接的直线平球到球员 B 的正手位。球员 B 必须快速返回中场。这是一项持续性练习，两位同伴都应该尝试完成尽可能多的轻抽或轻推，让回合一直持续下去。回球应该较平，而且足够靠近同伴，以便回合能够继续。高质量的回球应该沿着边线或斜线落到中场附近。每个回合的持续时间应该尽可能长。当回合结束时，改变击球顺序，让球员 B 打反手推球，而球员 A 回正手直线球。

成绩检查

- 肘部带动手臂伸直，随后小臂旋转。
- 有控制地挥拍，将球推到中场。
- 交替打较平的斜线与直线球。

成绩计分

回合中完成至少 20 次回球，同时不出现失误 = 10 分

回合中完成至少 15 ~ 19 次回球，同时不出现失误 = 5 分

回合中完成至少 10 ~ 14 次回球，同时不出现失误 = 1 分

你的得分 ____

假动作

能够隐藏自己的真实击球意图是一项很重要的技巧。在触球之前，所有的头顶击球动作看起来都应该是一样的。这可以让对手猜不透你要打什么球。这种欺骗可以直接得分，或者迫使对手回出质量较差的球。执行基本的击球时，准备动作必须完全一样。这种欺骗球最重要的方面是上身或肩部的旋转。做假动作时，要求脚的起始位置接近，而且在做头顶击球（特别是头顶吊球）时，上身应该大幅旋转。由于准备姿势与击球动作完全相同，对手很难对你的头顶回球进行预判。

下手回球也可以具有欺骗性。你可以在下手位置回球时假装要放网，然后改变回球。尽早跑到位，把球拍

放在来球下方，保持不动，然后用余光观察对手，看他是在等待你击球还是已经预判到你的击球。如果对手没动，就放网。如果对手移动，就把网前吊球改为推后场或下手高远球。

误区

过多地使用假动作，导致出现大量失误，效果也不好。

纠正

假动作最大的效果是出乎意料，使用太频繁就会让对手预测到。战术性使用假动作，不要过度使用。

头顶区带停顿的回球

当你移动去迎接来球时，举起右臂并屈起手腕。如果是正手位，将球拍放在肩后两块肩胛骨之间。

快速向上伸直右臂，启动常规的头顶动作。通过略微延迟小臂旋转及其后续的手腕动作，可以为头顶击球带来停顿的效果。右臂向前移动，但球拍留在后面并呈引拍状。

这种停顿动作会让对手产生短暂的犹豫，从而无法判断你的回球。如果对手提前朝一个方向移动，你可以改变击球方式，或者将球打到场地的另一侧。对手通常不得不跑动额外的距离，并可能有抽筋的感觉。

带停顿的吊球

做这种假动作需要尽早跑到位，把球拍放在来球下方，保持不动。然后用余光观察对手，看他是在等待你击球还是已经预判到你的击球。如果对手没动，就放网。如果对手移动，就把网前吊球改为打后场球。只要快速拉低球拍，然后把球弹到后场即可。这样对手一般无法通过预判你的回球来赢得优势。

带停顿的发短球

做这种假动作需要在接发球时尽早跑到位，把球拍放在来球下方，保持不动。然后用余光观察对手，看他是在等待你击球还是已经预判到你的击球。向前挥拍，就好像在接发球时回一个常规的吊球或推球一样。在球上挥舞球拍，故意错过球，然后快速向下拉动球拍，将球弹向对方半场。

误导性击球

从某种程度上说，误导这个词已经不言而喻了。拥有这种能力的球员可以通过身体动作，让对手误以为你要打某一种球，但其实你要打的是另一种球。你可以使用自己的眼睛、持拍手或躯干动作来完成这种伪装性攻击。通过击球之前的挥拍动作，你可以假装要打一种球，而实际上打另一种球。这也正是发球过程中禁止这样做的原因。它会给发球员带来不公平的优势。

误导主要是由进行所有头顶击球时的上身旋转来实现的。而对于接发球或网前吊球的误导则主要是由拍面角度的微小变化来实现的。将拍面伸到来球下方然后抽出，可能导致对手采取不必要的步骤，或者干脆被骗。

双打中的回球难度很高，因此有大量机会可以进行误导。拍面角度的略微变化就能起到惊人的效果。高水平双打球员已经将这些技巧烂熟于心，使用时根本不需要去想。这称之为条件反射。在运动学中通常使用反应这个词，而运动员对各种形式的刺激都能做出令人吃惊的合理反应。但大多数时候，优秀运动员之前都经过无数次刻苦训练，对于各种情况下的可能回球，可以通过本能反应打出正确的回球。这是一项通过学习获得的技能。

过度使用假动作反而会降低效率。假动作最大的价值就是出乎对手意料。高水平球员往往已经习惯于如何针对假动作或特定风格的球员做出恰当的反应。靠本能打球既有优点，也有缺点。如果你过度依赖于预判，高水平球员能够意识到这一点，并加以利用。然而，大多数世界级球员都能在球场上的任意一块区域打出各种球路组合。在这种情况下，他们的对手通常很难预判出他们的回球。

追身

接发球时使用半场推球，通常是推发球员身体两侧的位置。接发球推追身（图 8.15）是一种变化，双打中经常采用。在双打中，发球员通常发短球，站位靠网很近。如果将球直接推回给发球员，发球员的反应时间将会很短，通常会被你限制住。追身推球可以使用正手或反手，但必须在球过网时尽快击球。接发球时使用追身推球可以限制对手可能的回球角度。你必须做好回球准备，因为球很可能落在球网中间附近的位置。单打中几乎从不使用这种回球。

触球

1. 当球过网时尽快击球。
2. 将球打向对手的左肩位置。

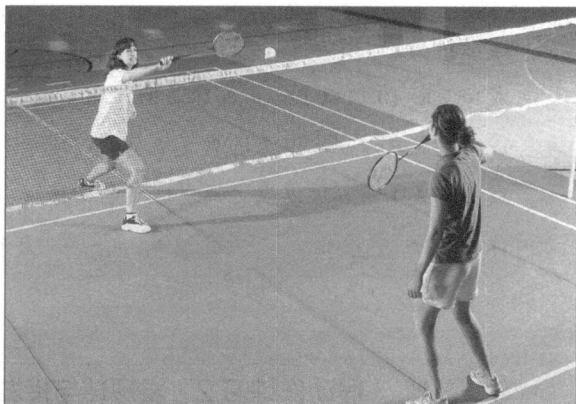

图 8.15 追身推球

误区

回球或挥拍力量过大，导致回球出界。

纠正

要时刻注意比赛场地的边界（单打或双打）。学会使用足够的力量将球打向目标位置，但同时也要具有细腻的手感，控制球不要出界。接发球时使用追身推球一定要控制好力量，这不是杀球。

假动作练习 1 带停顿的发短球

发球员发一个容易接的短球过网。你移动到位，并在球过网时将球拍放到来球下方。发球后，发球员应该移动到场地的另一边。使用余光观察发球员的动作，直到他停止移动后才进行回球。把球打到远离发球员的空档。完成 10 次带停顿的回球。

成绩检查

● 尽早触球。
● 沿着球的飞行路线，将球拍放到球的下方。
● 使用余光观察发球员。
● 将球打到远离发球员的位置。

成绩计分

成功完成 10 次以上远离发球员的回球 = 10 分

成功完成 6 ~ 9 次以上远离发球员的回球 = 5 分

成功完成 1 ~ 5 次以上远离发球员的回球 = 1 分

你的得分 ____

假动作练习 2　发短球与接发追身推球

发球员发一个容易接的短球过网，而同伴以准备姿势站好。在发球员回位之前，接球员在回球时将球推向发球员的身体。当接球员完成 10 次正手推球与 10 次反手推球后，双方交换位置与角色。一定要在两个发球区中都进行此项练习。每位接球员都应该完成 10 次正手推球与 10 次反手推球。

成绩检查

● 当球过网时尽早击球。

● 将球打向发球员的身体。

成绩计分

完成 10 次正手的追身推球 = 5 分

完成 10 次反手的追身推球 = 5 分

你的得分 ____

花式击球

你可以学习与练习很多有趣的花式击球，分为面对球网和背对球网两种。花式击球就是让球落在常规的击球位置以下，让对手猜想不到，比如背后接杀与胯间接杀。

背后接杀

这种花式击球是面对球网完成的。当对手的杀球打向你的反手侧的下方时，可以使用这种回球。使用下手击球，当球经过身体左侧时击球（图8.16），将球回过网。

图 8.16　背后接杀

胯间接杀

这种回球是面对球网完成的。当对手的杀球直接打向你身体的下方时，可以使用这种回球。使用下手击球，当球经过双腿之间时击球（图 8.17），

图 8.17　胯间接杀

将球回过网。

胯间回高远球

这种回球是背对球网完成的，回这种球时必须在身体后方击球。你必须让球落到膝盖以下。使用下手击球，当身体位于球与球网之间时击球（图 8.18）。回球时背对球网，击球动作在双腿之间完成。使用这种花式击球可以打出吊球或高远球。

图 8.18　胯间回高远球

误区

　　击球时位置在腰部以上或者拍头位于持拍手以上，导致身体妨碍回球。

纠正

　　确保在腰部以下击球，击球点位于两个膝盖之间。

在腰部以下回下手高远球

　　回这种球时必须在身体后方击球。必须让球落在腰部以下的位置。在反手位使用正手打下手球，当身体位于球与球网之间时击球（图 8.19）。背对球网，在腰部以下反转右臂，使用正手完成回球。使用这种花式击球可以打出吊球或高远球。

图 8.19　在反手侧使用下手回高远球，在腰部以下手臂反转击球

花式击球练习 1　胯间回球

　　面对球网完成 10 次胯间回球，然后背对球网完成 10 次胯间回球。请一名同伴给你喂容易接的杀球，球需要飞向你反手侧的下方。使用背后接杀技术进行接杀。在两个发球区内都要进行此项练习。

成绩检查

● 当球飞过你身体的左侧时击球。

● 将球打过网。

成绩计分

完成 10 次背后接杀回球 = 5 分

你的得分 ____

花式击球练习2　背后接杀

面对球网完成10次胯间回球，然后背对球网完成10次胯间回球。请一名同伴给你喂向下的追身杀球。在双腿之间将球回过网。在两个发球区内都要进行此项练习。

成绩检查

● 在双腿之间击球。

● 耐心让球落在膝盖以下的高度。

● 将球回过网。

成绩计分

面对球网完成10次正手双腿间回球 = 5分

背对球网完成10次正手双腿间回球 = 5分

你的得分 ____

花式击球练习3　腰部以下回下手高远球

请一名同伴给你喂反手侧的高远球。让球飞到你的身后，并落到腰部以下的位置。背对球网，使用正手打一个下手球过网。完成10次正手的下手高远球。一定要在两个发球区都进行此项练习。

成绩检查

● 耐心让球落在腰部以下的高度。

● 背对球网进行回球。

● 右臂反转，使用正手打一个下手球。

成绩计分

完成10次正手的下手回球 = 10分

完成5~9次正手的下手回球 = 5分

完成1~4次正手的下手回球 = 1分

你的得分 ____

高级技术的总结

本步骤包含的技巧、技术与练习是专为希望达到高水平的运动员而设计的，需要较高水平的运动能力与训练强度。初中级水平的球员在学习这些高级的技巧与技术之前，需要先掌握基本的技巧与内容，但可以出于娱乐与练习的目的进行尝试。高水平球员需要这些技术，但业余球员不必过多地使用它们。

头顶击球练习		
1. 混双杀球与接杀得分	____	（10 分）
2. 12 拍回合得分	____	（10 分）
吊球练习		
1. 正手角得分	____	（10 分）
2. 两个角得分	____	（10 分）
3. 三个角得分	____	（10 分）
发球与接发球练习		
1. 半场推球得分	____	（10 分）
2. 推球回合得分	____	（10 分）
假动作练习		
1. 带停顿的发短球得分	____	（10 分）
2. 发短球与接发追身推球得分	____	（10 分）
花式击球练习		
1. 胯间回球得分	____	（5 分）
2. 背后接杀得分	____	（10 分）
3. 腰部以下回下手高远球得分	____	（10 分）
总得分	____	（满分 115 分）

出于娱乐目的尝试本步骤的初中级球员可以跳到下一步骤，此处无须计分。总分为 115 分，你如果获得 90 分以上的成绩，就可以继续学习下一

步了。如果你的得分低于 90，重复自己认为难度最大的练习。邀请一位教练、老师或有经验的球员来提升你的高级技术。

下一步骤中将讲述得分策略，介绍与新式计分系统相关的概念，并讨论单打与双打的战术。与每回合得分制相关的战术将会详细介绍。因为新的计分规则规定每回合都要得分，比赛速度更快，每个错误都会被放大，如果开局打得不好，获胜的机会就更小。我们将重点关注保守性打法和减少非受迫性失误方面的内容。

步骤 9 / 战术与战略

羽毛球运动最重要的方面之一就是在比赛回合中做出决定。准确而一致地执行各种击球动作的能力有时称为击球能力。可以通过练习某些场景或特定的动作顺序来提高击球能力。

提高羽毛球水平的另一种手段是观察成功的球员，并对其表现进行剖析。注意大多数球员都会犯的常见错误，或者他们在球场的特定区域的习惯球路。在与某位球员比赛之前或者在热身期间，你可以观察潜在的对手，并确定其弱点所在。比赛时必须利用对手的一切弱点。

要想在单打比赛中获胜，初学者必须学会维持回合。大多数初学者还没有学会切球、搓球或者使用各种假动作。因此，初学者的战略非常基础：尽力比对手坚持得更久。让球不要落地，然后等待对手犯错。有助于提高稳定性的一种有效方法是打出又高又远的回球，同时在处理网前球时要求不要太高，以免出现失误。下面列出了在具有一定程度的球拍控制能力后，还需要掌握的其他重要的战略元素。

- 将大多数球打到对手的后场。
- 将大多数球回到对手较弱的一侧，通常为反手侧。
- 通过打四方球，调动对手在场上飞奔。
- 回球时强调落点与深度，而不是速度，可以减少失误。
- 在比赛过程中改变节奏。
- 不要改变成功的策略，必须改变失败的策略。
- 做所有的头顶击球时动作完全一致，因为假动作也是优秀球员的必备素质之一。

要想赢得分数或夺回发球权，你或你的对手都必须仔细考虑战术。为了让策略有效，你必须尽可能发挥自身的优势，同时限制对手的优势。如果对手缺少速度或耐力，那就试着让对手多跑动，让他筋疲力尽。大多数球员的反手都不如正手强大，因此多将球打向对手的反手位。如果你的体力不是很好，那就加快进攻节奏，通过杀球或直接得分手段尽快结束回合。你可能希望自己的发球具有攻击性，而对手的发球更加安全与保守。然而，你所犯的任何错误都会导致对手得分。此外，还要对单打或双打的场地边界具有清醒的意识，避免去接对手的出界球。

每球得分制下的策略

2006 年，BWF 对其举办的所有赛事都采用每球得分制。USAB 理事会也通过投票，决定针对所有 USAB 国际排名赛采用这种计分规则（当时，USAB 举办的非排名赛并不要求使用）。在每球得分制中，每局比赛打满 21 分，代替了每局 15 分和 11 分的老式计分规则，并取消了选择再赛这种独特的做法。这种变革的基本原理是让比赛更具有观赏性，能够为大众更多地了解与接受。据初步观察，比赛时间可以缩短 25%。每球得分制要求球员更加提高警惕，在有限的比赛时间内更加快速地得分。运动员也必须采取新的策略才能赢得比赛。观众也更喜爱观看激动人心和紧张激烈的比赛。

每球得分制下的单打策略

当你赢得掷硬币后，应该选择发球、接发球还是挑边呢？如果一侧场地比另一侧要好，那么和采用老式计分规则时一样，挑选较差的那一侧场地。场地条件与能见度（包括灯光背景、反射、照明和窗户的位置）都是决定哪个半场更好的因素。如果你赢了第一局，而第二局是在较好的场地上进行，那么你就拥有心理优势和赢得比赛的可能。如果你输了第一局，而第二局同样是在较好的场地上进行，这样你赢得第二局的机会就更大。在较好的场地上，你的自信心与场上表现都应该更好。还要总结输掉第一局比赛的原因，并有针对性地调整策略，这可以增大你赢得第二局和甚至是整场比赛的机会。在决胜局中，即便身在较差的场地上，你的新策略也会帮助你打出更好的表现。当决胜局 11 分交换场地时，你又会换到好的场地上去，这将带给你自信，并赢下决胜局与整场比赛。

但如果你的对手赢得掷硬币，并首先选择了差场地，你又该怎么办？你应该选择发球还是接发球？答案是接发球。对于球员而言，接发球比发球更容易赢得回合。首先，发球员必须在正确的区域内发球，并将球发向正确的半场，否则就直接失分。其次，在羽毛球运动中，发球方通常会将己方置于防守态势下。发球方必须向上击球才能让球过网，因此接发球方拥有更好的机会进行控制并赢得回合。

然而，有些球员喜欢掌控比赛的进程。他们喜欢发具有攻击性的球，给接发球方施加压力，往往选择首先发球。有些初中级球员认为首先发球可以占得先机，但请记住，接发球同样可以得分。只要占得先机，就能获得心理优势。你可能只是对发球感到更舒服和更自信，仅此而已。

在单打中，得分更加注重接发球。

因为发高远球本质上是一种防守性击球，攻击性的回球会迫使对手移动，但也增加了失误的风险。两种最好的回球方法是平高球与快速吊球。安全而保守的回球让对手也很难回击，是很重要的回球方式。如果对手为右手持拍而且发高远球，使用以下方式进行回球。

● 如果在右半场，打一个平高球到对手的反手位，一个快速的直线吊球，或者一个快速的斜线吊球。

● 如果在左半场，打一个直线平高球到对手的正手位，一个斜线平高球，或者一个快速的直线吊球到对手的正手位。

误区

　　你的发球或接发球质量较差或者经常出界，让对手轻松得分。

纠正

　　不要让球落地。保守性的发球与接发球能给对手施加压力。有目的地接对手的发球，但要注意不要失误，并给自己留出充足的时间返回中场。

如果对手是左手持拍，回球选择相同，但半场相反。

因为回合更有利于接球方，与传统的得分过程相比，每球得分制会让比赛更加接近。水平较高的球员被迫在发球时赢得大部分分数。在传统的得分体系下，尽管球员必须发球才能得分，但如果发球回合失败也不会丢分。每球得分制似乎有利于技术水平相对较低的球员。

每球得分制对于单打策略的影响很广泛。通常，每球得分制让比赛变得更加保守。如果出球冒险或质量不高，球员不仅回合失败，而且还要丢分。或许单打中最冒险的击球是回一个刚好过网的球。如果这个球用力过小或飞行距离过短，球员就会失分。然而，如果回球的过网高度太高，很容易被对手扑死。通常情况下，每球得分制更有利于习惯打底线球的球员。

如果你的球落在底线附近，你就拥有充分的反应时间，你的对手也很难回出有杀伤力的球。球员将回球打向场地的四角时，必须将目标位置调整为稍微靠里一点。杀向边线的球可能出界，导致丢分，而将球杀向边线内可以减少球员失误的风险。

误区

发球与接发球的动作不连贯，导致出现很多失误，得分很困难。

纠正

变换发球与接发球的速度与落点。混合使用发短球、低平球或平高球，以此来改变节奏。不要让对手觉得接你的发球很舒服。

每球得分制下的双打策略

在双打比赛中，如果你赢得抛硬币，应该做何选择呢？发球，接发球，还是挑边？策略与单打一样，理由也相同。首选是挑较差的场地，第二选择是挑接发球。绝不能选择率先发球。

在双打比赛中，双打组合必须指定站在奇数与偶数场地上开始比赛的人员。如果你所在的组合率先发球，你应该让发球水平最高的球员从偶数区开始比赛。如果你所在的组合在比赛开始时接发球，这时存在两种策略。第一种策略是将接发球水平最高的球员放在偶数区，这样做赢得第一个回合的可能性很大。另一种策略是将发球水平最高的球员放在奇数区。一旦赢得回合，接发球方位于奇数区的球员是己方率先发球的人员。让较好的发球员站在奇数区，便可使己方得分的概率最大化。

每球得分制对于双打比赛的影响较小。成功的双打球员彼此应该相得益彰。双打组合要么一起赢，要么一起输。他们相互协作，努力为彼此创造杀球或扑球的机会。球经常被打向追身位置或两名球员中间的结合部。

这会让对手犹豫谁该接球。打向边线的攻击性回球可能导致失误或回球出界，让对手直接得分。或许每球得分制对双打最大的影响是让比赛更加接近，理由是实力更强的组合被迫在防守性发球的情况下赢得大部分分数。

战术练习 1　发短球—回推球

球员 A 发短球给球员 B。球员 B 回一个推球到球员 A 反手或正手的单双打边线之间地带（图 9.1）。这不是一个回合。球员 A 一直发球，直到球员 B 完成 5 次高质量的回球到球员 A 反手或正手的单双打边线之间地带为止。这种回推球应该越过同伴的前发球线。在完成 5 次高质量的回球后，球员 B 应该发短球给球员 A，让球员 A 来回 5 次高质量的推球。

成绩检查

● 发球刚刚过网。

● 将球推到中场附近，越过前发球线。

成绩计分

完成 30 次高质量的回推球 = 10 分

完成 20 ~ 29 次高质量的回推球 = 5 分

完成 10 ~ 19 次高质量的回推球 = 1 分

你的得分 ____

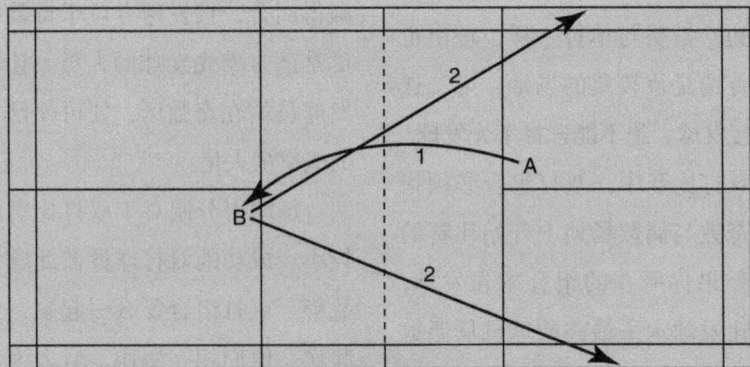

图 9.1　发短球与回推球

战术练习 2　发短球—网前吊球

　　球员 A 发短球给球员 B。球员 B 回一个网前吊球到球员 A 反手或正手的单双打边线之间地带（图 9.2）。这不是一个回合。球员 A 一直发球，直到球员 B 完成 5 次高质量的回球到球员 A 反手或正手的单双打边线之间地带为止。这种回推球应该越过同伴的反手单双打边线之间地带。在完成 5 次高质量的回球后，球员 B 应该发短球给球员 A，让球员 A 来回 5 次高质量的网前吊球到球员 B 的反手位。

要增加难度

- 将放小球改为搓球。

成绩检查

- 发球刚刚过网。
- 回近网的吊球，让球直接落在地板上。

成绩计分

完成 30 次高质量的回网前吊球 = 10 分

完成 20 ~ 29 次高质量的回网前吊球 = 5 分

完成 10 ~ 19 次高质量的回网前吊球 = 1 分

你的得分 ____

图 9.2　发短球与网前吊球练习

战术实践

羽毛球技巧的提升需要某种程度上的个人努力，以及来自经验丰富教练的指导，这样才能在比赛时拥有强大的信心。与其他球拍类运动如网球不同，羽毛球主要通过手腕这个发力点带动小臂旋转，来实现绝大多数的发力与控制。击球时拍杆必须完全伸直，这一点很重要。触球时，球员的手臂应该完全伸直，从而对球产生最大的作用力。初学者常犯的一个错误是，击球点过于靠近上半身，手臂没有完全伸直。这将导致力量丢失，并带来迷惑性。

执行所有的头顶击球时，都必须使用相同的头顶投掷动作。从侧身击球的站位开始，当右臂向上伸展去够球时，上半身应该旋转。左臂也要举起，帮助加速上半身的旋转。通过在下面的练习中完成大量的重复性训练，可以掌握头顶击球动作的基础要领。每项技巧的练习时间为大约 5 到 10 分钟。一开始你可能会觉得有困难，但随着时间的推移，你的控制能力与技巧会越来越好。击球能力就是在保持一致性与控制的情况下，重现一系列顺序随机的回球的能力。

方铢贤（Soohyun Bang）是一位非常成功的韩国羽毛球单打运动员。她参加了两届奥运会，并获得了 1992 年巴塞罗那奥运会的银牌与 1996 年亚特兰大奥运会的金牌。她曾经登上过女子单打世界排名的首位。她设计了以下训练来提高羽毛球单打水平，但双打球员也可以从这些练习中获益。下面的练习主要从球员要做些什么的角度来讲述。教练或喂球员交替使用网前球和高远球。

高远球

你可以使用飞向底线的高远球（图 9.3）来应对对手的攻击性击球。这种击球可以给自己充足的恢复时间，并迫使对手离开中场位置，从而对他造成更大的消耗。模拟比赛场景进行重复性练习，使用正确的步法完成每次击球。

要演练这种战术，教练或同伴固定站在底线附近的一个角落。你从中场启动，然后再回到中场。

你的同伴打一个高远球到一个角，同时你朝这个角移动。你回一个高远球给同伴后，在进行下一次击球之前，尽力回到中场。你的同伴接下来应该换一个角打。你可以使用固定的击球

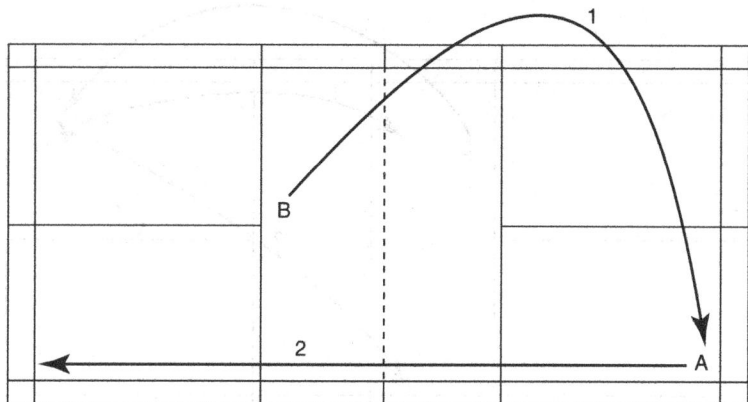

图 9.3　打向底线的高远球

线路（例如直线或斜线），或者由你的同伴随机选择击球线路。这可以练习击球能力与维持回合的能力。通过将回合尽可能延长，可以将练习模拟地更像比赛。通过以固定模式击球，可以提高一致的击球能力。通过随机回球的练习，可以提高跑动或变换比赛风格的能力。

误区

你的击球能力很差，无法维持一个回合。

纠正

将球打到对手场地的四个角落，但要给自己留出足够的犯错空间。如果有问题，就打高远球！

吊球

使用吊球可以让对手俯身接球，特别是落点位于边线的吊球。当对手回很高的高远球时（图 9.4），吊球的用处很大。吊球的动作与速度必须与高远球一致，才能具有欺骗性。如果吊球的动作与高远球不同，对手就能进行预判，并轻松地回出进攻性的球。因为单打比赛中使用吊球的频率比双打比赛高，保持这两种击球动作的一致性就显得尤为重要。关键是保持引拍动作简练，手腕快速旋转。

练习吊球时，要求你的同伴站在发球线附近，而你自己在中场与底线

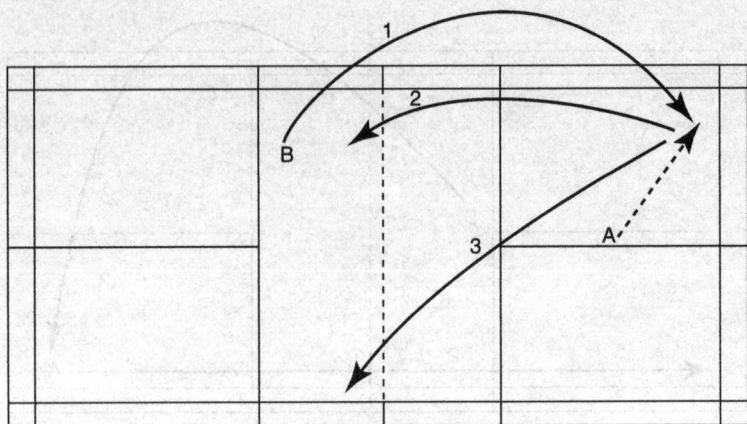

图 9.4　高远球后回吊球

附近的后场之间来回移动。一段时间后可以换边，以便熟悉两个角。熟练掌握直线击球后，可以变换方向，将球打向对面的发球线。当你能够交替使用直线与对角线球后，难度就会上升，有点类似真正的比赛情形了。

误区

无法回到中场，应付对手的回球时失位。

纠正

回球后立即返回中场。

头顶吊球与网前放短球

吊球用于让对手在回球时猝不及防，包括底线吊球与网前吊球。针对后场头顶高远球或网前吊球进行回球时，吊球非常有用。触球越早，回球的质量就越高。最理想的情况是过网即坠。吊球的效果是让对手跑起来。如果对手体力不足，吊球将会放大这个弱点并加以利用。吊球用于攻击对手场地的四个角，迫使对手起球，从而使己方处于进攻态势。吊球的基本要求是耐心与准确。

你可以在一次练习中交替使用这两种吊球方式。这项练习模拟了比赛情形下的移动与落点。同伴站在发球线附近，而你在发球线与底线之间来回移动，并在底线与网前分别完成吊

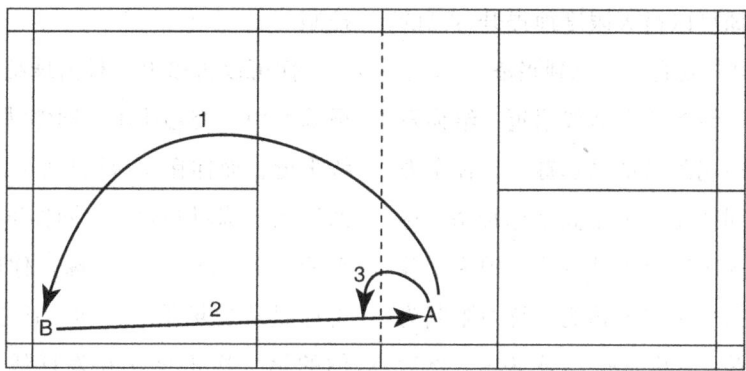

图 9.5 网前放短球

球。回合开始时，球员 A 发一个高远球给球员 B。球员 B 打一个头顶吊球。球员 A 在网前放一个短球（图 9.5）。这可以锻炼你在比赛中吊球后，对手放网前小球或者回长球后，你进行应对的速度与必要技巧。一次练习中应该覆盖所有四个角。

头顶杀球

杀球瞬间，羽毛球运动是世界上速度最快的球拍类运动。出拍初始速度的记录超过了 200 英里每小时。尽管头顶跳杀是比赛中最精彩的击球，但杀球并非始终能够得分。如果起跳的时机不对或者没有将球杀向正确的位置，就很容易失去平衡，并让对手轻松得分。杀球的目的就是将对手的回球杀死。当对手打出一个半场高球时，杀球是最有效的得分方式（图 9.6）。瞄准对手身体的中间部位。精

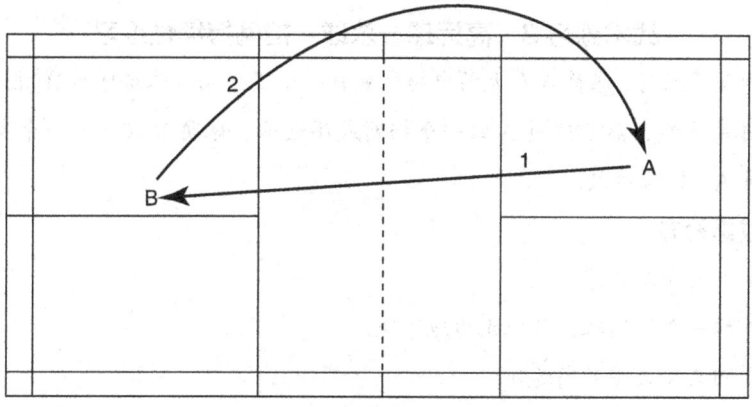

图 9.6 针对后场高远球进行杀球

彩的杀球可以最大限度地提升自己的士气，并让观赛观众感到兴奋。

同伴站在前发球线附近，给你发一个到后场附近的高远球，让你全力重杀，同伴使用下手高远球接杀。尽力完成 5 次这个击球顺序。因为杀球比其他击球更需要体力，练习限制为 3 次循环，一共完成 15 次杀球，然后与同伴交换角色。

头顶杀球，网前放小球，然后头顶吊球

因为单打需要不断奔跑，依赖于球员维持回合的能力，所以高远球、吊球与杀球都是一名成功的单打球员所必备的能力。使用高远球与吊球让你的对手满场飞奔。向下用力将短的高球杀死。这种以跑动为主的比赛风格需要持久力与球拍控制。

你可以将以上三种击球结合在一项练习中，交替使用。同伴站在发球线附近，而你在发球线与底线之间来回移动。练习开始时，同伴给你发一个容易接的后场高远球。你的首次击球是从后场杀球，同伴接杀挡网。你的第二次击球是在发球线处放小球。同伴在网前给你喂一个后场高远球。你的第三次击球是头顶吊球，然后同伴再打一个高远球。重复这个顺序——头顶杀球，网前放小球，头顶吊球，网前放小球，持续 10 分钟。这项练习将帮助你提高体能与步法，同时也能提高技术水平，从而在比赛中很好地响应对手的网前放小球或挑高球。在一次练习中覆盖场地所有的角。

战术练习 3　高远球—杀球—挡网持续性练习

回合开始时，球员 A 在大约中场位置打一个下手高远球给球员 B（图 9.7）。球员 B 杀直线，然后球员 A 回一个挡网或高远球。球员 B 接着打一个高远球给球员 A，回合继续。

成绩检查

● 大力向下杀球。

● 挡一个近网球，让球无力地下坠。

● 回又高又深的高远球。

图 9.7 高远球 – 杀球 – 挡网持续性练习

成绩计分

回合持续 30 秒以上而且不出现失误 = 5 分

回合持续 20 ~ 29 秒而且不出现失误 = 3 分

回合持续 10 ~ 19 秒而且不出现失误 = 1 分

你的得分 ____

战术练习 4 4 拍回合

球员 A 发一个高球给球员 B，然后球员 B 回一个直线吊球（图 9.8）。球员 C 站在网前，回放一个小球。球员 D 尝试将这个回放扑死。球员 E 负责捡球并还给球员 A。重复这个顺序 4 次，交替在右发球区与左发球区发球各两次，然后交换位置。球员 A 变为接发球员，而球员 E 变为发球员。球员 B 移动到网前，而球员 C 换到对面网前。球员 D 现在站在后场，负责捡球并交给球员 E 进行发球。重复 4 次这个 4 拍回合，然后再次轮转。

成绩检查

● 使用正确的步法。

● 回又高又深的高远球。

● 在近网口处回放小球。

163

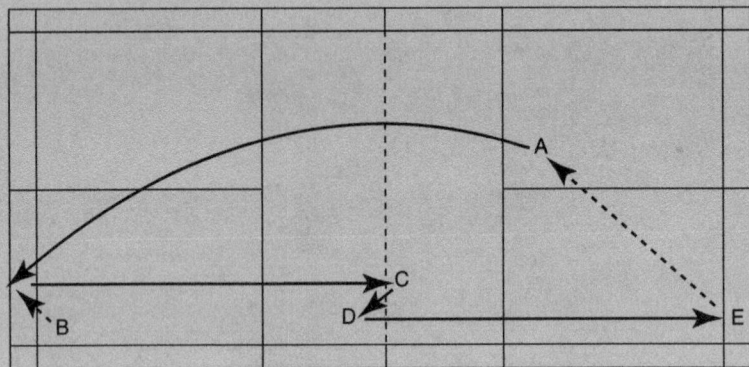

图9.8　4拍回合

成绩计分

完成 3 ~ 4 个回合而且不出现失误 = 10 分

完成 2 个回合而且不出现失误 = 5 分

完成 1 个回合而且不出现失误 = 1 分

你的得分 ____

战术练习 5　双打发球—网前球回合

球员 B 发一个靠边线的短球给球员 A，球员 A 回一个直线的网前吊球到球员 B 的反手位（图 9.9）。球员 B 勾一个对角到球员 C 的正手单打边线和双打边线之间的细长地带。然后球员 C 勾一个对角给球员 A，回合继续，直到其中一名球员失误为止。球员 B 与球员 C 只允许勾对角。球员 A 只允许放直线网前球。

成绩检查

● 发球的高度刚刚过网口。

● 网前放小球较贴网，并直线下坠。

● 在近网口处回放小球。

成绩计分

回合持续 30 秒以上而且不出现失误 = 5 分

图 9.9 双打发球 – 网前球回合练习

回合持续 20 ～ 29 秒而且不出现失误 = 3 分

回合持续 10 ～ 19 秒而且不出现失误 = 1 分

你的得分 ____

战术练习 6 平抽持续性回合

　　球员 A 在中场附近打一个平抽球给球员 B。球员 B 回一个正手或反手的平抽球（图 9.10）。回合继续，直到其中一名球员失误为止。保持这些回球在腰部的高度或更高，交替使用正手与反手。重点是在网前以快对快或以平抽

图 9.10 平抽持续性回合练习

对平抽。

成绩检查

● 平抽球的高度刚刚过网口，而且飞行路线是水平的。

成绩计分

回合持续 30 秒以上而且不出现失误 = 5 分

回合持续 20 ～ 29 秒而且不出现失误 = 3 分

回合持续 10 ～ 19 秒而且不出现失误 = 1 分

你的得分 ____

战术练习7　6拍回合

这些回合强调击球能力，即在回合中在场上各个位置上的回球选择。使用下面的 6 拍回合来练习你的击球。可以选择场地右侧或左侧开始练习，分别侧重正手或反手回球。

练习 1（图 9.11a）

1. 直线高远球

2. 回直线高远球

3. 斜线高远球

4. 回直线高远球

5. 斜线吊球

6. 网前吊球

练习 2（图 9.11b）

1. 直线高远球

2. 斜线吊球

3. 回网前吊球

4. 斜线平抽或推球

5. 直线高远球

6. 斜线杀球

练习 3（图 9.11c）

1. 斜线高远球

2. 斜线杀球

3. 网前球

4. 斜线高远球

5. 直线高远球

6. 直线杀球

练习 4（图 9.11d）

1. 斜线高远球

2. 斜线吊球

3. 网前球

4. 斜线高远球

5. 直线杀球

6. 斜线平抽球

成绩检查

● 打又高又深的高远球。

● 有节奏地向下杀球。

● 让吊球贴着网口下坠。

● 快速打出飞行路线很平的平抽球。

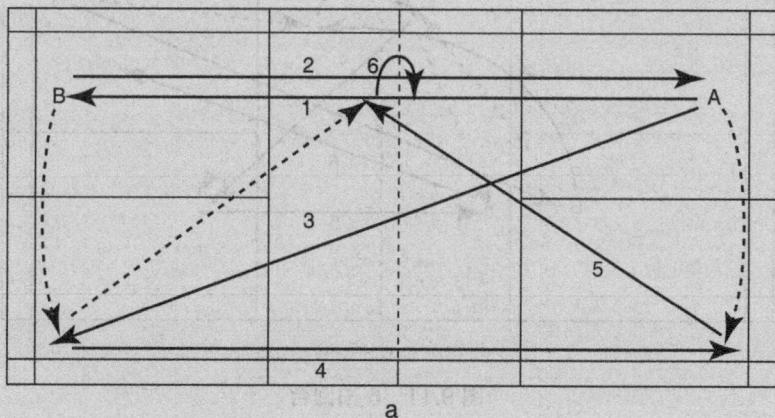

a

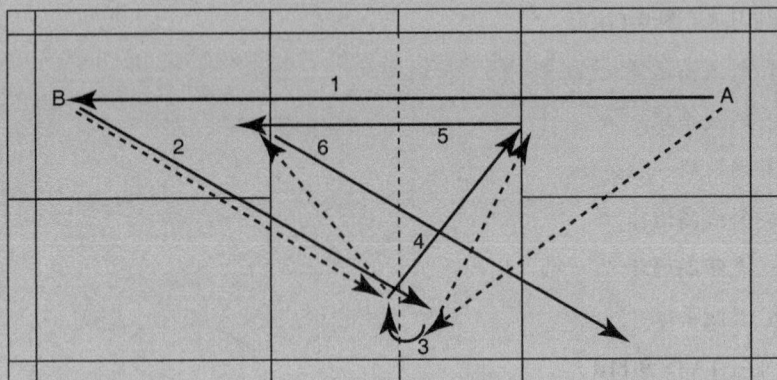

b

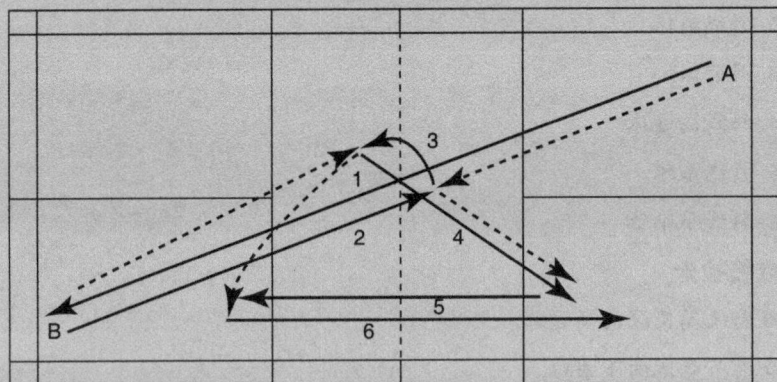

c

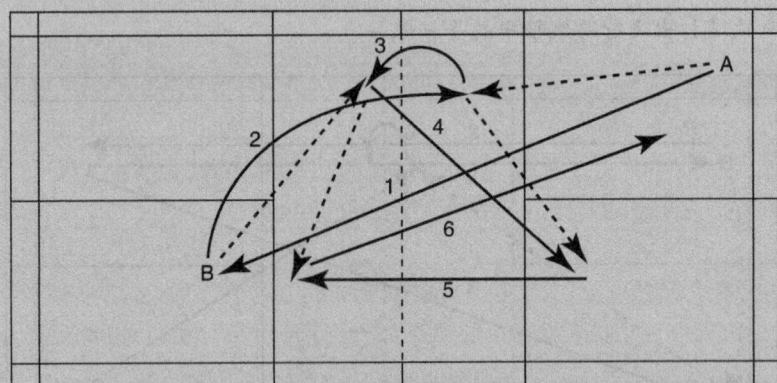

d

图9.11 6拍回合

成绩计分

完成 3 ~ 4 个回合而且不出现失误 = 10 分

完成 2 个回合而且不出现失误 = 5 分

完成 1 个回合而且不出现失误 = 1 分

你的得分 ____

单打技巧

在羽毛球双打中，你与同伴必须合作无间才能取得胜利。而单打只能靠你自己，既能收获所有成功的奖赏，也要承担失败的责任。

单打有很多好处，比如体力更加充沛，对自己完成长时间比赛的能力更有信心。成为冠军的要素包括身体条件、击球能力以及扬长避短的能力。无论获胜还是失败，都必须自己独自承担后果。这也意味着你有时会非常孤单，因为没有人能与你讨论比赛中的问题。新的得分规则缩短了比赛时间，这也意味着要想克服比赛早期出现的问题，你的时间更少。下面给针对羽毛球单打比赛给出了一些建议：

1. 每一分开始时，准确地发长球。

2. 完成所有击球后，始终站在中场附近。

3. 如果你显示出任何身体上的软弱，对手就会获得心理优势。记住，即便你只是露出一个沮丧的表情，你的对手也会从中获得鼓舞。

4. 球没有落地，比赛就没有结束。眼睛紧盯着球，尽自己的全力。

5. 通过比赛早期的一些分数，分析对手的长处和弱点。越快弄清楚对手的弱点，你获胜的机会就越大。

6. 弄清楚对手的弱点后，要在比赛中加以利用。在比赛中按照对手的长处打没有任何好处，除非是为了让他暴露弱点。例如，如果对手的反手较弱，你可以照着他的正手打，从而让他露出反手位的空档。

7. 如果未来你还有机会与同一个对手交手，可以观看与他的比赛回放，其中包含大量有价值的信息，在下一场比赛中可以发挥作用。

8. 如果你不相信自己能战胜对手，那就绝无取胜的可能。在任何比赛中都要相信自己，不到最后一分，绝不失去信心。

为每种可能出现的情况指定相应的策略，这是不可能完成的任务。但有些一般性原则可以适用于几乎所有的单打比赛计划或策略，特别是当你的技术水平提高时：

● 扬长避短。

● 保持一致性与稳定性，迫使对手犯错。

● 让对手跑起来。

● 变换比赛节奏。

● 赢球时绝不改变策略，输球时一定要改变策略。

● 保持所有头顶击球的动作一致性、欺骗性是成为更好球员的关键因素之一。

保持练习，直到拥有准确与成功的击球能力。当你准备好之后，要求教练对你进行观察，并在真正的单打比赛中检验自己的击球能力。尽量将每个击球动作都录下来，并在赛后与教练对你的击球选择进行分析。

误区

无法让对手跑起来，因此对手反应时间充裕，而且消耗不大。

纠正

每个回球的目标都应该是让对手离开中场位置。

战术练习8　改动过的单打

缩小单打场地的比赛区域，如图9.12所示（阴影区域）。比赛开始时可以使用任意类型的发球。所有其他的单打规则都适用。球员只能使用高远球与吊球来赢得回合与得分。计分与常规的单打相同。

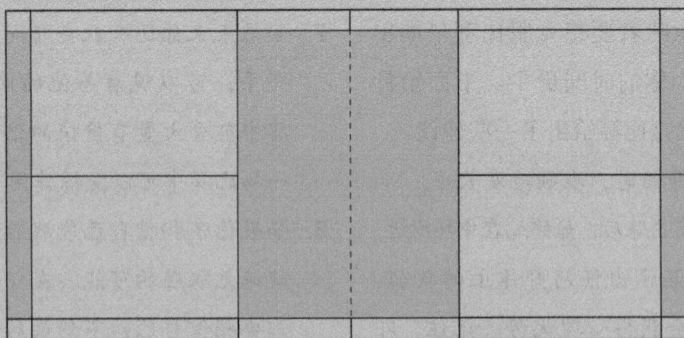

图9.12　经过改变的单打区域

成绩检查

● 使用正确的步法。

● 打又高又深的高远球。

● 让吊球在网口附近下坠。

成绩计分

比赛获胜＝5分

你的得分 ＿＿＿

双打技巧

双打的优点与单打类似，比如体力更加充沛，并对自己的团队合作能力充满信心。成为冠军的要素包括身体条件、击球能力以及扬长避短的能力。无论获胜还是失败，你和同伴都要接受事实并为此负责。你们要么一起获胜，要么一起失败。这也意味着你可以和同伴讨论比赛中的问题与战术。新的得分规则缩短了比赛时间，因此要想克服比赛早期出现的问题，你的时间更少。下面给针对羽毛球双打比赛给出了一些建议。

1. 每一分开始时，准确地发短球。

2. 在发球与接发球之前，以及完成所有进攻性回球后，始终站在中场附近。

3. 发球员与接球员均站在场地中间的前发球线附近，而他们的同伴均

站在中场附近靠后的位置。

4. 双打中只要起高球，你和同伴就必须采取防守性的平行站位。根据己方回球的类型，你和同伴将在这两个位置之间轮换。

5. 如果你显示出任何身体上的软弱，对手就会获得心理优势。记住，即便你只是露出一个沮丧的表情，你的对手也会从中获得鼓舞。如果对方一名同伴看起来有些不适，将绝大多数回球都打给他。

6. 球没有落地，比赛就没有结束。眼睛紧盯着球，尽自己的全力。

7. 通过比赛早期的一些分数，分析对手的长处和弱点。始终将绝大多数回球打向对手中较弱的一位。越快弄清楚对手的弱点，你获胜的机会就越大。

8. 弄清楚对手的弱点后，要在比赛中加以利用。在比赛中按照对手的长处打没有任何好处，除非是为了让他暴露弱点。例如，如果对手的反手较弱，你可以照着他的正手打，从而让他露出反手位的空档。

9. 如果未来你还有机会与同一个双打组合交手，可以观看与这个组合的比赛回放，其中包含大量有价值的信息，在下一场与他们的比赛中可以发挥作用。

10. 如果你不相信自己能战胜对手，那就绝无取胜的可能。在任何比赛中都要相信自己，不到最后一分，绝不失去信心。

战术与战略的总结

单打与双打的战术或策略要经过你或你的同伴的深思熟虑，目的是得分和夺回发球权。有效的策略能让你在最大程度上扬长避短。如果对手体力不支，就要让他尽量多跑动。大多数球员的反手都不如正手强大，因此可以将绝大多数球都打向反手位。变换回球的线路与方式，让对手无法保持平衡。如果你体力不够好，尽量快速攻击，通过杀球或直接得分手段让回合尽可能变短。发球不要太激进，接发球时更为安全与保守一些。此外，还要对单打或双打的场地边界具有清醒的意识，避免去接对手的出界球。能够合作无间和相互弥补劣势的球员才能成为更加成功的双打组合。优秀的双打球员彼此信任，在双打比赛中努力跑到正确的位置上，回出高质量的球。他们通过相同方式的比赛过程，创造出了较高程度的信任。因为他们彼此熟知，因此搭档起来很轻松，并且充满乐趣。

战术练习

1. 发短球 – 回推球得分 ＿＿（10分）
2. 发短球 – 网前吊球得分 ＿＿（10分）
3. 高远球 – 杀球 – 挡网持续性回合得分 ＿＿（5分）
4. 4拍回合得分 ＿＿（10分）
5. 双打发球 – 网前球回合得分 ＿＿（5分）

6. 平抽球持续性回合得分	____（5 分）
7. 6 拍回合得分	____（10 分）
8. 经过改变的单打得分	____（5 分）
总得分	____（满分 60 分）

总分为 60 分，你如果获得 45 分以上的成绩，就可以继续学习下一步了。如果你的得分低于 45，重复自己认为难度最大的练习。邀请一位教练、老师或有经验的球员来提升你的高级技术。

下一步骤中将讲述双打。双打不如单打那样要求苛刻，娱乐性更强。但二者都需要力量、耐力、速度、手眼结合与有氧训练。（步骤 11 中将讲述身体训练。）双打还需要团队合作与同心协力，要么一起赢，要么一起输。球员要学会弥补对方的不足，共同进步。和单打一样，羽毛球双打也可以玩一辈子。

步骤 10 / 双打

双打与单打有很大区别，除了有同伴之外，思考与反应的时间也很少。双打战术十分依赖于场上的位置。只有学会轮转与团队合作，才能享受双打带来的乐趣。轮转是指根据己方处于进攻还是防守态势，从前后站位变为平行站位。进攻方把球往下打，如果其中一名同伴被迫起高球时，他们将迅速变为平行或防守站位。

从正确的场上位置开始并保持住，是双打成功的关键。应用这条原则很重要的一点就是要相信你的同伴。让同伴打自己应该打的球。在双打中，所有发球与回球的目标都是迫使对手起高球给你或你的同伴。

为了获胜，男双、女双与混双使用的击球、技术、协作与策略都是相同的。在常规的双打中，发球员与接球员都站在近网处，而他们各自的同伴暂时负责后场。双方初次击球的意图就是调动对手，迫使对手起高球。在随后的过程中，进攻方有意的误导或欺骗通常决定了哪方能够赢得回合。

双打是很有乐趣的，理由有很多。它是一项很好的娱乐活动，既可以休闲也可以比赛。它可以提高参与者的团队合作与策略水平。双打还可以让你的心跳加快，迅速移动，并做出敏捷的反应。这种心智练习与身体锻炼可以帮助你放松，释放压力，同时还可以增强体质。步骤 11 中给出了几项练习，可以针对羽毛球运动提高身体素质。双打不如单打那样要求苛刻，娱乐性更强。但二者都需要力量、耐力、速度、手眼结合与有氧训练。双打还需要团队合作与同心协力，要么一起赢，要么一起输。球员要学会弥补对方的不足，共同进步。和单打一样，羽毛球双打也可以玩一辈子。

双打的场上位置

在双打中，你的位置在很大程度上决定了你与同伴的回球类型与效果。图 10.1 显示了发球时双方的起始位置。发球员与接发球员都尽力让对手起高球给自己或同伴。双方一开始就争夺进攻主动权，因此均为前后站位。因为每个回合都能得分，所以必须尽可能站在靠近前发球线的中间位置，执行准确而一致的发低球。目前，发球失误会造成对方得分，因此发球的准确性与一致性就显得更加重要。必须尽可能消除发球失误。在每球得分制的背景下，发球员不能太过激进或冒险。发低平球与平高球可以出乎对手意料，让对手不敢轻举妄动。发球时使用正手或反手均可。因为发低球最常用，接发球必须做到安全与保守，迫使对手起高球。新式计分系统似乎不鼓励在接发球时冒险，因为这样会导致非受迫性的失误，获胜机会渺茫。

图 10.1 双打球员的起始位置。双方均为前后站位

误区

　　发球不连贯，要么过短，要么过高。

纠正

　　这个错误会导致你在发短球时缺乏信心，出现失误。反复练习正手与反手的发短球，直到连贯与自信为止。

　　以下三种回球应该是可取的：推球，中场平抽，或者网前吊球。让中场的平抽球或推球越过对方的网前球员，让后场球员在低处击球，迫使他起高球。然而，如果己方在前的同伴在发球后没有积极上网，这时对方的网前放短球或搓球就会迫使他起高球。

　　如果对方发球质量较高，半场回平抽球或推球是最佳选择。在男双、女双与混双比赛中，半场平抽球是最安全的回球选择，主要目标是让球向下走，获得进攻主动权并保持下去。图 10.2 与图 10.3 说明了双打场地范围内的轮转机制。

图 10.2　接发球后双方均使用前后站位

图 10.3　回合中进攻方采用前后站位，防守方采用平行站位

误区

你与同伴犹豫该谁接球。

纠正

始终站在正确的位置。当回球打向场地中间时，使用正手的同伴接球。

当你打到对方场地中的球向下走或者对方被迫起高球时，前后站位是首选。而平行站位便于更好地防守，允许你与同伴在接对手向下打的球时更加轻松。一般来讲，你与同伴每个回球的目标都应该是迫使对手起高球。从前后站位轮转为平行站位，意味着从进攻转为防守。

误区

向上走的回球过多。

纠正

有问题时，打高远球！

有时候你与同伴必须起高球或打高远球。这种情况下应该转换为平行站位。如果你或同伴能让球向下走，迫使对手起高球，那么应该转换为前后站位。

如果对手发高球，你与同伴也要采取前后站位。高球一旦发到己方场地，立即换位。接发球员从前向后移动，以便接发球。同伴从跨站在中线上，转而移动到网前准备封网。反过来如果你或同伴发高球的话，道理也是如此。发球员发完高球后，就要从前往后移动，与同伴轮转为平行站位。你只要意识到同伴会发高球，就沿着与同伴相反的方向，变为平行站位，以便保护另一半场。

像一个团队那样打球

无论是赛前、赛间还是赛后，同伴之间的沟通都很重要。同伴应该优势互补，同心协力，才能在进攻端与防守端都取得成功。记住，你们是一荣俱荣，一损俱损。你们的行为决定了团队的结果是成功还是失败。在回合中对同伴使用简短而清楚的语言，比如"出界了！"，来帮助同伴。口头命令比如"该你打！"，可以帮助同伴弄清楚谁应该进行回球。如果你与同伴希望在双打项目上取得成功，必须做到两个关键点。

1. 发球员必须有信心，同时也有能力发好短球。
2. 发球员在发球后，必须积极上网，防止对手吊网前。

双打组合要想取得成功，信任同伴意义重大。如果你或同伴一直相互欺骗，或者不按对方的期望去做，就会出现混乱，从而导致彼此不信任。相互缺乏信任，在一起打双打便毫无乐趣可言。到了那时，再准确或中肯的批评也都听不进去了。

误区

同伴之间的合作不好，优势与不足无法互补。

纠正

多在一起。在打球之前，多与同伴讨论策略、优点、缺点与场地职责划分。

误区

在打球过程中缺乏沟通。

纠正

在打球之前要针对特定的比赛情况进行讨论。

双打的其他通用策略还有以下几点。

- 打给对手的球始终向下走，迫使对手起高球。即使你的回球缺乏速度，比如快速吊球或者劈杀，对手也必须起球。折让你与同伴可以保持前后站位，继续进攻。
- 发球时，主要发较低的短球。在新式计分规则下，不允许发球出现非受迫性的失误。
- 发球后积极上网，完全防止对手的吊球。
- 接发球时，尽可能靠近球网，但心里始终要提防对手发长球偷袭。将大多数回球推到对方网前球员的身后，或者来招声东击西。
- 杀球时大多数时候选择直线。
- 尽快将球回过网。回对方一名球员的斜线球时，直线网前吊球通常是首选，除非对方另一名球员就站在你的球网对面。过网最快的回球就是最好的回球。对手的反应时间越短，回球的效果就越好。

误区

你的回球留给自己的时间不多，却给对手充足的响应时间。

纠正

制订正确的策略。合作与沟通。在回合中和发短球或长球时，可以用语言和手势彼此交流。将球打向对方两名球员中较弱的一方。慢速吊球或高远球是最不推荐的回球。

在双打中，要想让球同时远离对方两名球员，是很困难的事情，基本上总会把球打给其中之一。你必须有能力发好过网高度较低的短球。在回合中绝不主动起高球。如果同伴尝试负责的场地范围过大，或者抢着去打所有的球，就会引发问题。不要在同伴犯错或失误时去批评或指责他。

双打练习 1 双打发短球练习

球员 A 用正手发一个靠边线的短球给球员 B。球员 B 回一个直线的网前吊球到球员 A 正手或反手的单双打边线间地带。这不是一个回合。球员 A 一直发球，直到球员 B 完成 5 次高质量的回球到自己的正手位，然后再换成反手位。这些吊球的落点应该位于同伴反手的单双打边线间地带，并且不超过前发球线。在正手与反手都完成 5 次高质量的回球后，两名球员交换角色，并重复以上过程。重复练习时使用反手发短球。

成绩检查

● 发球刚刚过网。

● 发斜线球到单双打边线间地带。

● 吊球贴近网口，过网即坠。

成绩计分

从正手发球时，完成 20 次高质量的吊球 = 5 分

从反手发球时，完成 20 次高质量的吊球 = 5 分

你的得分 ＿＿＿＿

双打练习 2 发高球－轮转－杀球－挡网

双打组合 A 与 B（图 10.4）隔网而立，分别采用前后站位。开始时，球员 B1 在前接发球。球员 A1 发一个平高球或低平球给球员 B1。球员 A1 与 A2 落入平行的防守站位。球员 B1 与 B2 轮换位置。当球员 B1 后退去接发球时，球员 B2 来到网前。球员 B1 回一个杀球，而 A1 或 A2 尝试接杀挡网。

要增加难度

● 发球方尝试接杀时顶高球，而不挡网。

● 发球员可以发平高球或低平球，来增加对方接发球的难度。

成绩检查

● 发球方轮换为平行的防守站位。

● 接发球方轮换位置，保持前后的进攻站位。

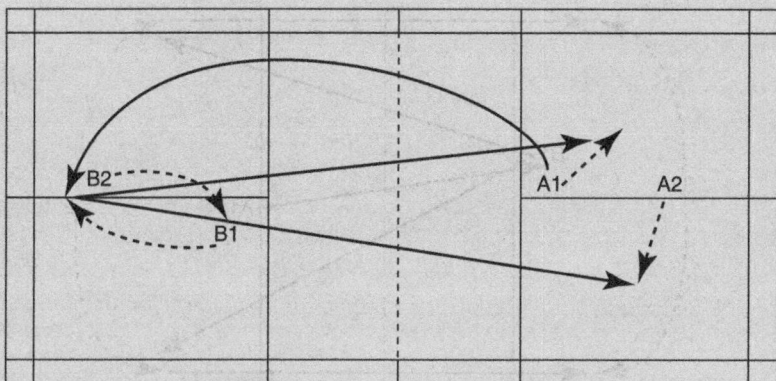

图 10.4　发高球 – 轮转 – 杀球 – 挡网

成绩计分

完成 5 次高质量的练习，同时不失误 = 10 分

完成 3 ~ 4 次高质量的练习，同时不失误 = 5 分

完成 1 ~ 2 次高质量的练习，同时不失误 = 1 分

你的得分 ____

双打练习 3　发短球 – 回推球回合

一开始，球员 A1 必须在发球区内发球。球员 A1 发短球给球员 B1（图 10.5）。球员 B1 回一个推球到对方正手或反手的单双打边线间地带。这是一个回合，因此球员 A2 应该试着回推球给中场附近的球员 B2。这些半场推球应该越过对方的前发球线，落在对手的单双打边线间地带。球员 A1 与 B1 应该继续留在 T 区域，假装要拦截边线处的回球。交替在左侧与右侧发球区中发球。当球员 A2 与 B2 都至少在每个发球区中回出 5 次高质量的球后，两组球员交换位置。球员 A2 应该发短球给球员 B2，并让球员 B2 完成 5 次高质量的回推球。球员 A1 与 B1 在两条边线之间来回移动。

成绩检查

● 发球高度刚刚过网。

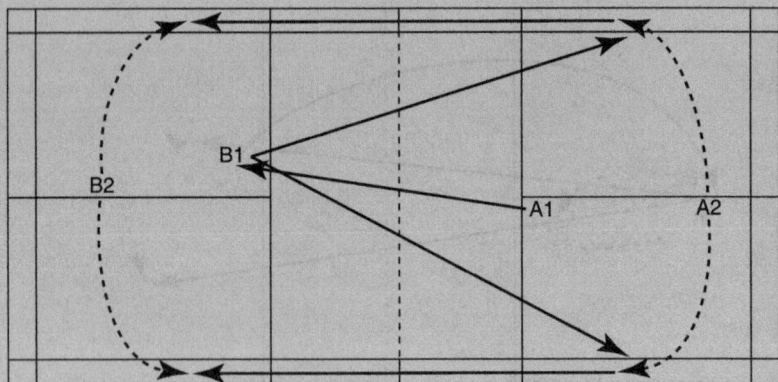

图 10.5　发短球 – 回推球回合

● 推球的过网高度贴近网口，落在中场附近。

成绩计分

在每个发球区完成 5 次以上回球，同时不失误 = 10 分

在每个发球区完成 3 ~ 4 次回球，同时不失误 = 5 分

在每个发球区完成 1 ~ 2 次回球，同时不失误 = 1 分

你的得分 ____

双打练习 4　改动过的双打

缩小双打场地的比赛区域，如图 10.6 所示（阴影区域）。球员可以使用任意类型的回球来赢得回合与得分。但在发球后，只有单双打边线间区域属于界内。计分规则与常规的双打相同。

成绩检查

● 使用正确的步法。

● 在场上使用正确的站位。

● 让大多数回球向下走，或者让它们在网口附近下坠。

成绩计分

比赛获胜 = 10 分

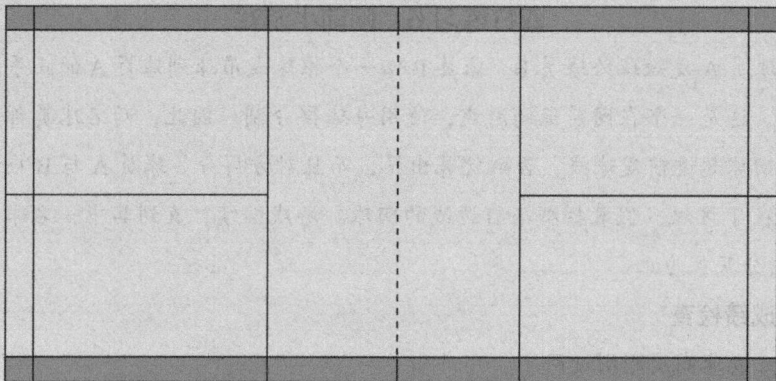

图 10.6 经过改动的双打区域

比赛失败 = 5 分

你的得分 ____

双打练习 5 高远球 – 杀球 – 不准吊球双打练习

缩小双打场地的比赛区域，如图 10.6 所示（阴影区域）。球员可以使用任意类型的发球开始。所有其他的双打规则都适用。球员只准使用高远球与杀球来赢得回合与得分，不准使用吊球。计分规则与常规的双打相同。

成绩检查

- 使用正确的步法。
- 打出又高又深的高远球。
- 杀球、劈杀与快速吊球的落点都应该越过前发球线。

成绩计分

比赛获胜 = 10 分

拿到 15 ~ 20 分 = 5 分

拿到 10 ~ 14 分 = 1 分

你的得分 ____

双打练习6　网前小游戏

球员A发短球给球员B。球员B回一个推球或吊球到球员A的正手或反手位。这是一个在网前玩的游戏，使用每球得分制。因此，两名球员都应该不让回球越过前发球线，否则就算出界，而且对方得分。球员A与B应该一直站在T区域，假装拦截来自边线的回球。游戏继续，直到其中一名球员拿到21分获胜为止。

成绩检查

● 发球高度刚刚过网。

● 推球与吊球应该贴近网口，落点不到前发球线。

成绩计分

比赛获胜 = 10分

比赛失败 = 5分

你的得分 ____

双打练习7　网前扑杀

站在T区域或前场位置进行双打。在网带上挂上5个羽毛球，每个球之间的间隔约3英尺。每个球通过羽毛卡在球网上，1个位于球网中间，其他4个每边放2个。冲到网前，模拟将球扑杀到对手场地的情形。挥拍路线必须与球网平行，但不能触网。打每个球时都将球拍放平。每次击球后，快速返回到T位置，然后快速上网，按照顺序将球扑在地板上。练习继续，直到所有球都被打下来为止。

成绩检查

● 回球角度向下。

● 拍面不能触网。

● 球立即掉在对手一侧的场地上。

成绩计分

成功打掉5个球 = 10分

成功打掉 3 ~ 4 个球 = 5 分

成功打掉 1 ~ 2 个球 = 1 分

你的得分 ____

双打练习 8　三人一组双打

这项练习使用每球得分制，最高打到 30 分。球网两边分别站 3 名球员。在任意一侧场地上，一名球员站在 T 点附近。其他 2 名球员站在后场，各自负责一半场地。球员 A1 与 B1 站在 T 区域或前场位置。球员 A1 或 B1 从发短球开始比赛。接发球后比赛继续，直到有人失误为止。准确的发球与接发球很重要，所有高的回球几乎都会被对方杀球。这项练习的重点在于防守、落点与进攻。每边场地上的 3 名球员都在各自的位置上比赛，直到一方拿到 10 分为止。然后每边的队伍按顺时针方向轮转。球员 A1 与 B1 换回到后场的右侧。球员 A2 与 B2 从后场右侧换到左侧。球员 A3 与 B3 轮转到前场。所有球员都在自己的位置上打球，直到有一方拿到 20 分。然后再次按照顺时针方向进行轮换。球员 A1 与 B1 轮换到左侧后场，球员 A3 与 B3 移动到右侧后场，而球员 A2 与 B2 一直待在网前，直到比赛结束。

成绩检查

● 回球角度向下。快速吊球或杀球是最佳选择。

● 慢速回球最不理想，通常会被对方的网前球员扑死。

成绩计分

比赛获胜 = 10 分

第一个获得 20 分的队伍 = 5 分

第一个获得 10 分的队伍 = 5 分

你的得分 ____

双打的总结

从正确的场上位置开始并保持住，是双打成功的关键。应用这条原则很重要的一点就是要相信你的同伴。让同伴打自己应该打的球。在双打中，所有发球与回球的目标都是迫使对手起高球给你或你的同伴。为了获胜，男双、女双与混双使用的击球、技术、协作与策略都是相同的。在常规的双打中，发球员与接球员都站在近网处，而他们各自的同伴暂时负责后场。双方初次击球的意图就是调动对手，迫使对手起高球。在随后的过程中，进攻方有意的误导或欺骗通常决定了哪方能够赢得回合。

记录下你每次练习的分数，并统计下这个步骤中的总得分。

双打练习

1. 双打发短球练习得分 　　　　　　　　　　＿＿＿（10分）

2. 发高球 – 轮转 – 杀球 – 挡网得分 　　　　＿＿＿（10分）

3. 发短球 – 回推球回合得分 　　　　　　　　＿＿＿（10分）

4. 改动过的双打得分 　　　　　　　　　　　＿＿＿（10分）

5. 高远球 – 杀球 – 不准吊球双打练习得分 　＿＿＿（10分）

6. 网前小游戏得分 　　　　　　　　　　　　＿＿＿（10分）

7. 6拍回合得分 　　　　　　　　　　　　　＿＿＿（10分）

8. 三人一组双打得分 　　　　　　　　　　　＿＿＿（20分）

总得分 　　　　　　　　　　　　　　　＿＿＿（满分90分）

总分为90分，你如果获得70分以上的成绩，说明你已经掌握了双打的必要技巧。如果你的得分低于70，重复自己认为难度最大的练习。邀请一位教练、老师或有经验的球员来提升你的高级技术。

最后一个步骤要讲的主题是体能训练。在单打中，良好的体能特别重要。针对肌肉力量与耐力的训练，有氧与无氧的体能训练，以及灵活性方面的训练，可以最大限度地提升你在赛场上的表现，让你的身体爆发出最大的能量。

步骤 11 / 体能训练

单打通常最考验球员的体能与耐心。无论结果好坏，你都要为自己负责。初级单打球员的首要目标是让回合进行下去，为此可以更多地打高远球与吊球。你的成功或失败通常依赖于你维持回合的能力，以及你调动对手，让对手回球质量变差的能力。然而，最终目标始终应该是赢得回合与取得分数。高级球员们的武器还包括杀球、平抽与绕头顶击球，以及一些变化与更强的执行能力。他们已经学会与较高水平的球员进行较量，并在很大程度上能够迫使对手按照自己的思路回球。

发球位置与节奏的变化也很重要。学会根据实际情况打出平高球、劈吊与劈杀。在比赛压力下，击球质量与执行击球的能力决定了你的成败。击球的准确性与欺骗性，以及良好的反应与耐力，可以极大地提高你覆盖单打场地的能力。

单打的成败完全取决于球员自身。羽毛球单打也是一种优秀的有氧运动形式，可以改善你的心血管循环与总体健康程度。其他好处还包括娱乐性、社交性与心理等方面，以及一些实际的奖赏，比如奖杯、金牌、排名等。

体能的构成

羽毛球运动员的身体条件越好，竞争力就越强。在比较接近的比赛中，体力通常决定了最后的结果。在羽毛球体能训练计划中，最重要的考虑事项是肌肉力量、肌肉耐力、有氧训练（心血管耐力）、无氧训练（间隔、循环与超速训练）、灵活性、注意力集中（心理训练）与预防受伤。

作者注：本步骤中的材料来源于 Tony Grice 所著的"羽毛球运动常见损伤"一文（1988 年 4 月出版的羽毛球杂志第 3 卷，第 2 节）中，以及"羽毛球运动"（第 4 版，1996 年在波士顿由 American Press 出版）一书中。

除了以上列出的身体训练之外，还要确保健康的饮食、充足的睡眠与休息以及可接受的训练原则。

肌肉力量与肌肉耐力

负重训练对于发展肌肉力量与肌肉耐力非常有效。研究表明，适度的负重训练，即以最大力量的约50% ~ 60%重复8 ~ 12次，可以同时提高肌肉力量与肌肉耐性。在循环训练的内容中，示例计划包括力量训练。俯卧撑与平板支撑可以增加手腕、手臂与肩部的力量与耐力。仰卧起坐有助于发展腹部力量与耐力。跳绳不仅可以练步法，而且可以提高腿部的力量与耐力。

有氧训练或心血管耐力

跑步可以帮助提高肌肉与心血管的耐力。慢跑或长跑，上下跑台阶，以及跳绳都是优秀的有氧训练方法。特别长距离的跑步对于羽毛球运动员可能没有必要。适度的2 ~ 4英里（3.2 ~ 6.4千米）的快跑，其效果要比10英里（16.1千米）的慢跑好得多。建议一周至少坚持3天有氧训练，而对于高水平或精英羽毛球运动员，建议每周5 ~ 7天。个人的技术水平是制订有氧训练计划的主要基础。

在参加比赛之前的几天，要逐渐减少训练量。建议花2 ~ 3天进行适度锻炼，不要太紧张，让身体得到充分恢复，为即将来临的大赛储备能量。

无氧训练

无氧训练有很多种方式。在快节奏的羽毛球比赛中，快速变向的能力是必不可少的。短距离冲刺与折返跑要求到达、触摸与改变方向，非常适合提高移动速度。最近的一项研究表明，在羽毛球比赛中，球在空中飞行的时间约占50%。这说明羽毛球运动是一种间歇性行为，突然的短暂爆发后又会进入休息时间，比如四处走动、深呼吸和交换场地。即使比赛被认为是连续的，每分之间也存在大量的休息时间。

间歇性训练法复制了这种不连续的行为。间歇性训练法通常是指练练停停，在短暂冲刺之后进入放松或休息时间。大多数研究表明，训练时间与休息时间的最佳比例是1：2。换句话说，跑一分钟后休息两分钟。其他形式的间歇性训练还包括跑上坡、跑下坡或爬阶梯（露台或楼梯井）。还有一种形式是绕着椭圆形的路线跑圈，可以选择在直线部分快跑或全力冲刺，而在曲线部分步行或慢跑。

表 11.1、表 11.2 与表 11.3 列出了三种跑步机锻炼方法，它们都属于无氧间歇性训练。在开始这些跑步机训练之前，先完成 5 到 10 分钟的热身与拉伸。跳健美操包含一些主动与被动的拉伸动作，可以用来热身与预防受伤。在每次训练开始时、结束后 15 秒内和开始下一次训练前约 30 秒，记录下当时的训练心率。在每个休息期结束时且在下一次练习开始之前，你的心率应该恢复或下降到大约每分钟 100 次（bpm）或更低。如果在 2 分钟的休息期结束后，你的恢复心率依然保持在 120bpm 以上，再休息 2.5 到 3 分钟。

表 11.1 跑步机练习，适用于体能良好的女运动员与体能一般的男运动员

动作	时长（分钟）	速度（千米 / 小时）	休息期（分钟）
走	3	4.8	无
跑	7 到 1（1.6 千米）	13.7	2
跑	3.5 到 0.5（0.8 千米）	13.7	2
跑	1	14.5	2
跑	1	14.5	2
跑	1	14.5	2
跑	1	16.1	2
跑	1	16.1	2
跑	1	16.1	2
跑	1	17.7	2
跑	1	17.7	2
跑	1	17.7	2
跑 *	1	19.3	2
跑 *	1	19.3	2
跑 *	1	19.3	2

＊最后 3 个训练动作（19.3 千米 / 时），可以选择性加入训练计划。

表 11.2　跑步机练习，适用于体能优秀的女运动员与体能良好的男运动员

动作	时长（分钟）	速度（千米 / 小时）	休息期（分钟）
走	3	4.8	无
跑	7 到 1（1.6 千米）	13.7	2
跑	3.5 到 0.5（0.8 千米）	13.7	2
跑	1	14.5	2
跑	1	14.5	2
跑	1	14.5	2
跑	1	16.1	2
跑	1	16.1	2
跑	1	16.1	2
跑	1	17.7	2
跑	1	17.7	2
跑	1	17.7	2
跑 *	1	19.3	2
跑 *	1	19.3	2
跑 *	1	19.3	2

* 最后 3 个训练动作（19.3 千米 / 时），可以选择性加入训练计划。

表 11.3　跑步机练习，适用于体能超强的女运动员与体能优秀的男运动员

动作	时长（分钟）	速度（千米 / 小时）	休息期（分钟）
走	3	4.8	无
跑	5.5 到 1（1.6 千米）	17.7	2
跑	2.75 到 0.5（0.8 千米）	17.7	2
跑	1	19.3	2
跑	1	19.3	2
跑	1	19.3	2
跑	1	20.1	2
跑	1	20.1	2
跑	1	20.1	2

续表

动作	时长（分钟）	速度（千米 / 小时）	休息期（分钟）
跑	1	22.4	2
跑	1	22.4	2
跑	1	22.4	2
跑 *	1	24.1	2
跑 *	1	24.1	2
跑 *	1	24.1	2

* 最后 3 个训练动作（19.3 千米 / 时），可以选择性加入训练计划。

整个跑步计划是在零度坡度上执行的，除非跑步机对最大速度存在限制。如果跑步机的最大速度不超过 10 英里 / 小时（16.1 千米 / 小时），在保持这个最高时速的同时，建议时速每超过 10 英里 / 小时 1 个单位，增加 1 度坡度。例如，11 英里 / 小时（17.7 千米 / 小时）的实际执行是 10 英里 / 小时，但坡度为 1 度。12 英里 / 小时（17.7 千米 / 小时）的实际执行是 10 英里 / 小时，但坡度为 2 度。针对休息间隙，将跑步机的速度调低为 3.0 英里 / 小时（4.8 千米 / 小时），并在休息时间内步行。

这些跑步机计划适用于体力良好以上的运动员。初级水平球员可能只对娱乐级别的内容感兴趣，而娱乐性的羽毛球不需要多少体能。但如果你有更高的追求，必须能在 10 分钟以内跑一英里。参见表 11.4 中针对初级、中级与高级羽毛球运动员的示例训练计划。

每个推荐的计划都规定，跑完应该在时速为 3 英里 / 小时（4.8 千米 / 小时）与零度坡度的情况下，走上至少 5 分钟，以便冷却身体。在冷却期结束时，你的心率应该在约每分钟 90 次或以下。

循环训练法设定一系列练习站，根据总体课程或任务确定每个练习站的练习内容。运动员在每个练习站执行特定的练习，然后步行、慢跑或快跑到下一个练习站，再执行下一项练习。目标是在规定时间内完成所有任务，或者在每个练习站完成特定的时间（比如 30 秒）。另一种方式是在每个练习站设定几种级别的练习。当运动员在规定时间内完成了第一级任务后，他可以挑战下一级别。更高级别或许就是在规定时间不变的情况下，增加重复的次数。循环训练计划包含了力量、耐力、灵活性、敏捷性与心肺耐力等各个方面的内容。表 11.4 分别针对无法使用跑步机的初级、中级与高级球员给出了 3 个示例的循环计划。这些计划都包含了可选的负重训练计划。

表 11.4　为初级、中级和高级球员提供的循环训练计划示例

	初级：每周 3 天	中级：每周 4 或 5 天	高级：每周 6 或 7 天
徒手健身	执行以下内容： ● 10 次侧跨跳或深蹲跳。 ● 25 次弯曲膝盖卷曲起坐。 ● 10 次相反脚趾接触。 ● 10 次俯卧撑。	执行以下内容： ● 15 次侧跨跳或深蹲跳。 ● 50 次弯曲膝盖卷曲起坐。 ● 15 次相反脚趾接触。 ● 15 次俯卧撑。	执行以下内容： ● 25 次侧跨跳或深蹲跳。 ● 100 次弯曲膝盖卷曲起坐。 ● 25 次相反脚趾接触。 ● 25 次俯卧撑。
有氧训练	● 连续走或慢跑 0.8 到 1.6 千米，8 到 10 分钟。 ● 100 个连续跳跃或分 2 组，每组 50 个。	● 连续慢跑或快跑 1.6 到 4.8 千米，7.5 到 8 分钟。 ● 250 个连续跳跃或分 5 组，每组 50 个。	● 连续快跑 4.8 到 8 千米，6 到 7 分钟。 ● 500 个连续跳跃或分 5 组，每组 100 个。
无氧训练	● 连续击打墙面 1 分钟 X5 组，每组 5 分钟 ● 5 组跑步 25 码冲刺训练：10 次球场穿梭跑	● 连续击打墙面 1 分钟 X10 组，每组 10 分钟 ● 5 组跑步 50 码冲刺训练：15 次球场穿梭跑	● 连续击打墙面 1 分钟 X15 组，每组 15 分钟 ● 10 组跑步 50 码冲刺训练：15 次球场穿梭跑
举重训练	执行下方内容最大强度的 50%，重复 8 到 12 次： ● 三头肌伸展 ● 卧推 ● 二头肌训练 ● 侧臂上举 ● 深蹲 ● 腿或膝盖伸展 ● 手腕卷 ● 仰卧起坐	执行下方内容最大强度的 60%，重复 8 到 12 次： ● 三头肌伸展 ● 卧推 ● 二头肌训练 ● 侧臂上举 ● 深蹲 ● 腿或膝盖伸展 ● 手腕卷 ● 仰卧起坐	执行下方内容最大强度的 70%，重复 8 到 12 次： ● 三头肌伸展 ● 卧推 ● 二头肌训练 ● 侧臂上举 ● 深蹲 ● 腿或膝盖伸展 ● 手腕卷 ● 仰卧起坐

超速训练是指用超过自身能力水平的速度进行训练。这种训练要求球员跑得比平常的正常水平快。电动跑步机就是一种很好的方式，将它的步速设置得比平常快即可。例如，你的能力可能不足以在 4 分钟内跑完一英里，但你以相同的速度跑 30 秒或者 1 分钟很可能没问题。增大跑步机的坡度，要求你抬膝时产生更大的力量。挥网球拍或在水下挥羽毛球拍也属于超速训练，使用了特异性原则，即包含所选运动的技巧训练。跑下坡与跑上坡也属于超速训练的形式。

增强训练也强调超速练习。增强训练包括原地弹跳、向前跳跃、深跳（从高处跳下后，再原地起跳）与跳绳。使用分量较重的绳子或跳双飞都属于超负荷或超速训练，重点是起跳的腿部力量。

灵活性

灵活性是指关节周围的动作范围。拉伸运动是为了增强关节周围肌肉的灵活性。几乎所有类型的拉伸运动都包含了主要的关节。

部分研究表明，静态或被动式拉伸导致受伤的风险比主动式或弹震式拉伸要小。静态拉伸就是拉伸到最大幅度，然后保持姿势 30 ~ 40 秒。而动态拉伸是通过小幅的移动或弹跳，来增加拉伸幅度。本节后面将会给出一些静态拉伸的例子。跳爆竹与触摸对面脚趾就属于动态拉伸。有一种拉伸方法叫作本体感神经肌肉易化法（proprioceptive euromuscularfacilitation，PNF），利用同伴帮助你短暂性地抵抗被拉伸肌肉群的收缩。肌肉放松后，同伴帮助你将肌肉被动拉伸到常规的动作范围之外。PNF 拉伸法只能在专业人士的监督下才能使用。业余球员如果不熟悉拉伸技术，不要轻易地过度拉伸自己的肌肉。

拉伸可以提高灵活性，但无法提高力量或场上表现。最近的研究表明，运动员的灵活性提高之后，他们的体质也会变得更好。一个常见的说法是，提高灵活性有助于预防受伤。但与灵活性欠缺相比，缺乏有氧训练更容易导致受伤。

羽毛球运动员应该将拉伸纳入到包含有氧运动的热身程序中。建议在有氧运动后再进行拉伸。热肌肉拉伸起来更加容易，而且保持的时间比凉肌肉更长。羽毛球运动需要跳跃、有力的头顶挥拍动作，以及通过爆发力快速改变方向的能力。如果拉伸过多，热身时间过长，实际上会消耗力量。因此，很多专家建议在练习之后进行拉伸，而非之前。羽毛球比赛同时需要有氧和无氧运动，以及热身练习程序。无论是在剧烈运动之前还是之后进行拉伸，球员可以自行选择。

下面列出了一些羽毛球运动员常用的静态拉伸方式。每种拉伸保持20 ~ 30秒。

● **耸肩**（图11.1）。双手放在身体两侧站好。提起然后放下肩部，恢复起始姿势。这个动作用于拉伸与放松颈部肌肉与斜方肌。

图 11.2 颈部拉伸

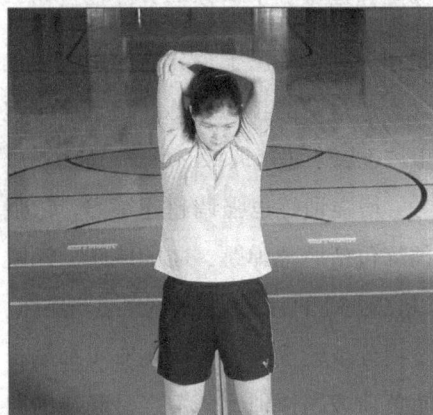

图 11.1 耸肩

● **颈部拉伸**（图11.2）。从站姿开始，将颈部向侧面拉伸，耳朵朝肩部移动。先右后左。可以用两手轮流推头部的一侧进行辅助。这种主动拉伸有助于热身颈部的肌肉。

● **三头肌拉伸**（图11.3）。从站姿开始，交替拉伸与热身双臂的三头肌。轮流将每只手臂放在脑后，然后

图 11.3 三头肌拉伸

使用另一只手与手臂帮助拉伸。当一只手快接触到背部时，另一只手放在肘部上，这样产生的轻微压力可以增强三头肌的拉伸。

● **肩部拉伸**（图11.4）。轮流拉伸两侧的肩部，方法是将手臂水平放在胸前，好像要去够左侧或右侧的某个假想目标。如果要拉伸右肩，把右臂放在胸前时，左手与左臂放在右臂的下方。这种拉的动作可以帮助拉伸

图 11.4 肩部拉伸

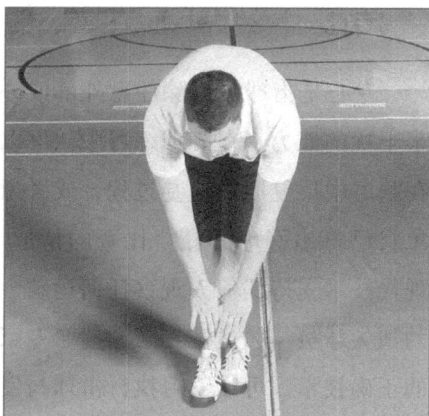

图 11.6 交叉摸脚趾

与热身肩关节与肩部肌肉。

● **四头肌拉伸**（图 11.5）。从站姿开始，轮流将两条腿弯在身体后方。单脚站立时，向后去抓你的脚，然后将脚稍微向臀部方向拉动。轮流拉伸与热身每块四头肌或每条大腿。

● **交叉摸脚趾**（图 11.6）。从站姿开始，将右脚与左脚交叉。弯下腰去摸双脚的脚趾。然后反过来将左脚

与右脚交叉，然后重复拉伸动作。轮流拉伸与热身每条腿的腿后肌群。

● **小腿拉伸**（图 11.7）。从站姿开始，一条腿向前迈一大步，后腿保持不动。弯曲前腿膝盖，身体向前倾。交换腿的位置，然后拉伸另一条腿的小腿肌肉。轮流拉伸与热身两条小腿的腓肠肌。

图 11.5 四头肌拉伸

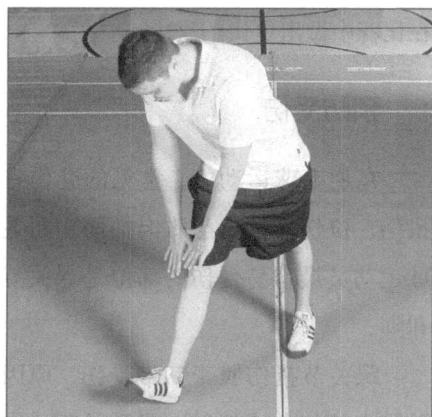

图 11.7 小腿拉伸

专心

专心是指球员排除任意外部或外来干扰的能力。在心理练习中，可以在脑海中反复回放比赛过程，或者想象自己打出好球并赢得比赛的情形。现代技术支持任何人观察任何运动中的顶尖球员。通过观看录像揣摩专家的正确技术，可以学习执行击球与发球的正确方式。你也可以给自己录像，看看你的动作与专家们还差多少。有些研究甚至建议剪掉所有错误的技术，只记录质量好的击球，这样主角在回放录像的时候，只会看到自己的击球是正确的。有些研究表明，即使在没有身体练习的情况下，仅凭这种视觉反馈就能提高竞技水平。还有一种涉及到心理意像的技巧是，闭上眼睛想象自己获胜或者高水平发挥的情形。最后，放松也可以提升专注水平，并在比赛中做出更快的反应。

预防受伤

在羽毛球运动中，常见的受伤有扭伤、拉伤、骨折与肌肉抽筋。羽毛球运动员最容易受伤的部位是踝关节和脚。

踝关节扭伤属于韧带受伤，原因是脚突然扭曲或反转，导致外部（横向）韧带过度拉伸甚至撕裂。85%的踝关节受伤都属于这种类型。

踝关节骨折的原因与扭伤相同，也是由于突然的猛扭或扭曲。但骨折通常是由腿的过度向外用力（外翻）造成的。

拉伤属于肌肉或跟腱受伤。起跳后如果落地不当，踝关节的跟腱与脚部肌肉就有拉伤的风险。当球员落地时，特别是做绕头顶击球或杀球的头顶动作时，左脚承受的压力是球员体重的 3 ~ 4 倍。这种冲击会导致跟腱突然拉伸到常规的承受范围之外，从而导致撕裂或拉伤。力量训练和拉伸与热身练习是防止这类外伤的最好办法。正确的步法与合脚的球鞋都可以增强落地后快速改变方向的能力，有效地防止受伤。跟腱撕裂是一种很严重的伤害，需要进行手术，术后还有漫长的恢复过程。

对于各种水平的羽毛球运动员而言，膝盖受伤是另一种常见的问题。当球员做跑、跳、扑或转动等动作时，膝盖就会承受巨大的压力（最高为1000磅，或454千克），从而有可能受伤。软骨或半月板很可能是膝盖中受伤最频繁的部位，没有之一。这块半月形状的骨头位于胫骨与大腿骨之间，就好比一个减震器。半月板撕裂的老式治疗方案是完全移除它，这需要住院治疗，伴随着长期的恢复过程，还会留下一大块伤疤。然而，随着关节镜手术的进步，只需要切开一个小口，然后将半月板撕裂的部分移除即可。采用这种方法只需要数天便可恢复，与之前的几个月相比时间大大缩短。膝盖容易受伤的另一个地方是韧带。每个膝盖中有 7 条韧带，如果其中之一被过度拉伸或撕裂，膝盖就会变得非常不稳定。可行的解决方案是使用身体其他部位的跟腱组织或 Gore-Tex（一种用于制造防水雨具的合成材料）替换失去的韧带组织。

肘部由于重复性过度使用，也容易受伤。正手与反手的头顶投掷动作会产生一个剧烈的鞭打作用（特别是动作错误时），再加上身体超负荷运转引发的疲劳，就会出现疼痛的感觉。网球肘是一个常见的通用术语，包含好几种小的疾病。一般来说，它们就是某些小臂肌肉过度使用后引发的慢性疾病。共同症状是肘部敏感，伸直手臂、小臂旋转或者抓东西时都会感到疼痛。

针对这些常见伤害的解决方案是，预防是最好的药物。热身与拉伸可以减少肌肉与关节出现扭伤和拉伤的概率。洗个热水澡可以让身体升温，放松，从而防止拉伤。在比赛之前，完成一系列基础的拉伸动作。最少花 5 分钟时间拉伸脚踝与跟腱、腿后肌群、四头肌（大腿）、背部、肩部以及手臂。做以上拉伸时要慢慢来，不要跳或者跳动幅度只能很小。在开始比赛之前还要进行 5 ~ 10 分钟打一些简单的球，以达到热身的效果。

如果受伤部位肿胀，应该进行冰敷，直到肿胀消失。而肌肉拉伤或其他拉伤应该使用热敷或擦剂，可以缓解肌肉疼痛。给疲劳的肌肉按摩，有助于防止肌肉疼痛，并加快疲劳恢复。研究表明，让身体保持足够的水分，可以预防肌肉抽筋与疼痛。在大负荷练习之前、期间与之后都要喝足够的液体饮料。如果在练习之前、期间与之后喝，有些电解质饮料（例如佳得乐、Powerade 和 All Sport）似乎能够预防肌肉疼痛。糖含量、温度与数量都能影响人体吸收水分的速度。高含糖饮料（超过 10%）的吸收比白开水或低糖饮料（6%~8%）要慢得多。冷水的吸收速度比饮用水或热饮更快。数量越大，吸收也越快。在自动饮水器上喝几口，其吸收速度不如喝一大杯（16 ~ 20 盎司，或半升）水快。

负重训练

负重训练的目标是发展肌肉力量与肌肉耐力。在羽毛球运动中，执行每次击球都需要肌肉力量与耐力。

通常，使用大重量负荷进行重复性训练强调的是发展肌肉力量，而相对较轻或适度重量负荷的重复性练习则更侧重于肌肉耐力。对于在负重训练方面经验不足的球员，推荐以下计划。为每次练习选择一定重量（30 ~ 50磅，即 13.6 ~ 22.7 千克，对于列出的大部分练习已经足够），重复 10 到 12 次，直到感到疲劳为止。每隔一天练习一次，努力增加重复的次数。无限重复这个循环。完成 15 次以上重复后，增加重量，直到再次只能完成 10 到 12 次重复为止。此外，要发展与维持灵活性，执行每次练习时要完全伸展相关的关节。针对羽毛球运动，以下方面需要肌肉力量肌肉耐力。

- 手与手腕。
- 二头肌与三头肌。
- 腿后肌群与四头肌。
- 小腿肌肉（腓肠肌）。
- 腹肌。
- 背部与肩部。
- 颈部。

在负重阻力训练中，经常使用自由组合重量的方式，比如哑铃或杠铃。发展手部与手腕的肌肉力量与耐力的一种简单练习是，持续握紧橡皮球，比如壁球。这可以每天定时完成，或者列为训练计划的一部分。市面上也能找到各种各样的力量训练装备。使用 Nautilus、Universal、Keiser、Cybex 与 BodyMasters 这些品牌的装备进行负重阻力训练，可以增强肌肉力量与肌肉耐力。

体能练习 1　装有 50 个球的盒子

在椅子或桌上放一个盒子，里面放 50 个球，让第三名球员站在场地一侧的 T 区域，并拿着这个盒子。开始时，球员 A 一只手拿着 8 到 12 个球，一次丢一个球过网给球员 B。球员 B 可以打除高远球之外的任意击球，其目标是尽快将球打到地板上。另外，球员 B 必须在每次击球后回到中场。因此，球员 A 在每次掷球后必须暂停一会儿，以便让球员 B 有充足的时间返回。可以逐渐缩短每次掷球后的停顿时间，增加练习难度，迫使球员 B 移动更加快速。这是一种体能训练的好方法。即使球员 B 在一个球上失误，球员 A 也应该继续掷球，直到 50 个球用完为止。然后球员 A 与球员 B 交换位置。每人练习 1 到 3 组。

要增加难度

● 缩短每次掷球之间的间隔。

要降低难度

● 延长每次掷球之间的间隔。

成绩检查

● 使用正确的步法，有效而快速地移动。

● 针对不同击球使用正确的握拍。

● 尽早触球，击球动作正确。

成绩计分

用完一箱 50 个球，失误在 10 次以下 = 10 分

用完一箱 50 个球，失误在 11 ~ 15 次 = 5 分

用完一箱 50 个球，失误在 16 ~ 20 次 = 1 分

你的得分 ____

体能练习 2　正手高远球与反手吊球

球员 A 在中线附近开始，距离前发球线 3 ~ 4 英尺，准备接发球。球员 B 发高远球到球员 A 的后场正手角（图 11.8）球员 A 回一个直线高远球到球员 B 的后场反手角。球员 B 回一个反手直线吊球。球员 A 移动到网前，使用下手高远球回到球员 B 的后场正手角，再重复以上击球顺序。

成绩检查

● 每次击球后恢复准备姿势。

● 高远球必须又高又深。

● 吊球过网即坠。

成绩计分

回合维持 5 分钟以上，同时不失误 = 10 分

回合维持 3 ~ 4 分钟，同时不失误 = 5 分

回合维持 1 ~ 2 分钟，同时不失误 = 1 分

你的得分 ____

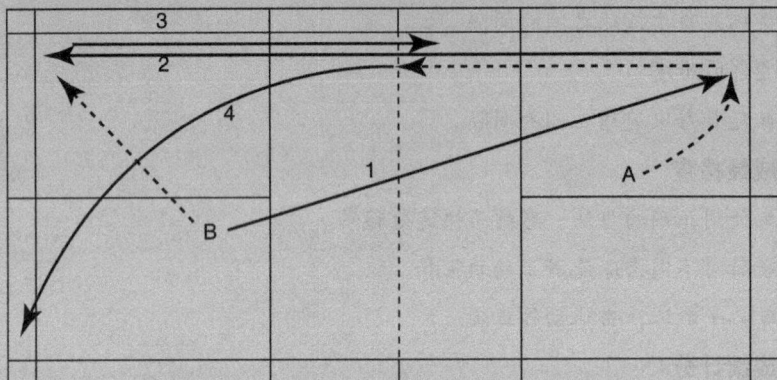

图 11.8　正手高远球与反手吊球

体能练习 3　3 拍持续性回合

　　一开始，球员 A 发一个下手高远球到球员 B 的后场正手角（图 11.9）。球员 B 回一个直线吊球或杀球到球员 A 的反手位。如果回杀球，落点要比较深。球员 A 仍然回一个直线吊球。球员 B 接着打一个高远球到球员 A 的后场正手角，然后再重复以上 3 拍的顺序：高远球，吊球或杀球，吊球。

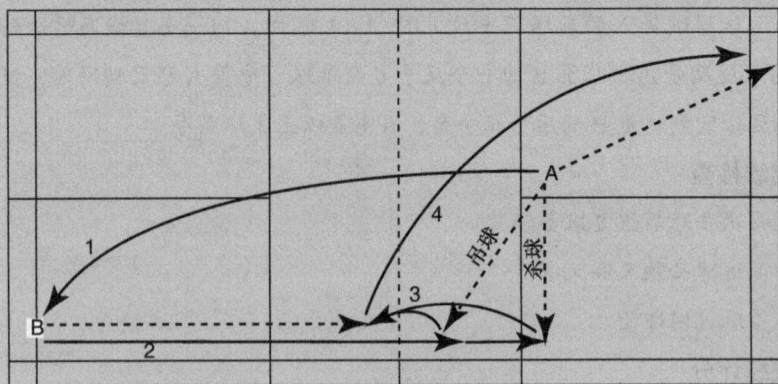

图 11.9　3 拍持续性回合

成绩检查

● 高远球必须又高又深。

● 有节奏地向下杀球。

● 吊球过网即坠。

成绩计分

完成 4 次 3 拍回合，同时不失误 = 10 分

完成 3 次 3 拍回合，同时不失误 = 5 分

完成 1 次 3 拍回合，同时不失误 = 1 分

你的得分 ____

体能练习 4　斜线 3 拍持续性回合

开始时，球员 A 发一个下手高远球到球员 B 的后场正手角（图 11.10）。球员 B 回一个斜线吊球或杀球到球员 A 的正手位。球员 A 回一个直线的网前吊球。球员 B 接着打一个高远球到球员 A 的后场正手角，然后再重复以上 3 拍的顺序：高远球，吊球或杀球，吊球。

成绩检查

● 高远球必须又高又深。

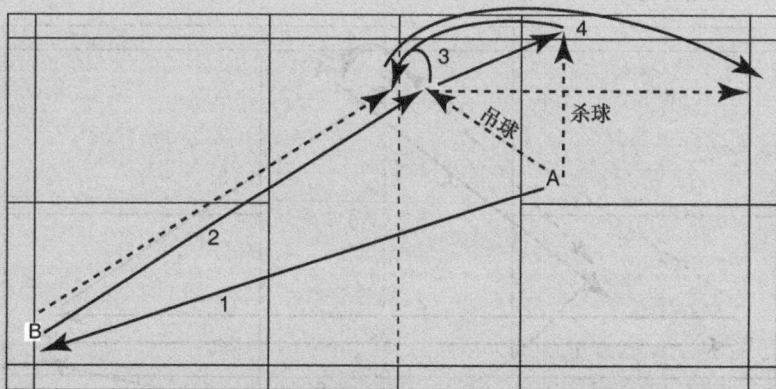

图 11.10　斜线 3 拍持续性回合

● 有节奏地向下杀球。

● 吊球过网即坠。

成绩计分

完成 4 次 3 拍回合，同时不失误 = 10 分

完成 3 次 3 拍回合，同时不失误 = 5 分

完成 1 次 3 拍回合，同时不失误 = 1 分

你的得分 ____

体能练习 5　6 连击步法回合

这项练习由 3 名球员共同完成。一名球员（B）必须快速地前后与对角线移动，覆盖全场。练习的目标是体能训练、击球能力与步法练习。回合开始时，球员 C 站在后场，发一个高远球到球员 B 的后场正手角（图 11.11）。球员 B 回一个正手头顶直线高远球到球员 C 的反手后场。

球员 C 打一个斜线吊球到球员 B 的左前场。球员 B 网前放小球或搓球。球员 A 站在网球，立即推一个平球到球员 B 的右后场。球员 B 在自己的右后场打一个高远球。这种击球顺序迫使你尽全力快速移动，才能覆盖整个单打场地。

完成 5 个回合后，按顺时针方向轮换位置。练习继续，直到每名球员都完成 5 个回合。

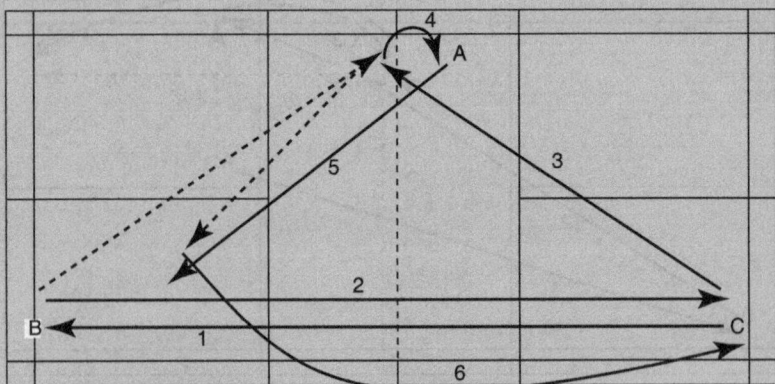

图 11.11　6 连击步法回合

成绩检查

● 打出又高又深的高远球。

● 搓出贴网的小球。

● 快速打出平抽球。

成绩计分

完成 4 个回合，同时不失误 = 10 分

完成 3 个回合，同时不失误 = 5 分

完成 2 个回合，同时不失误 = 1 分

你的得分 ＿＿

体能练习 6　快速攻击

　　球员 A 负责给球员 B 喂球，将球送到球网对面的任何场地（图 11.12）。球员 B 回球，然后上网。球员 C 站在网前，抛一个刚刚过网的短球。球员 B 尽力在近网处将这个球扑死。球员 B 扑球后，球员 A 应该再打一个球。练习持续 30 ~ 60 秒。

　　要增加难度

● 提高速度，让球员 B 再次回位杀球时变得更加困难。

● 改变在网前抛球的高度，让球员 B 在网前打平抽球，而非杀球。

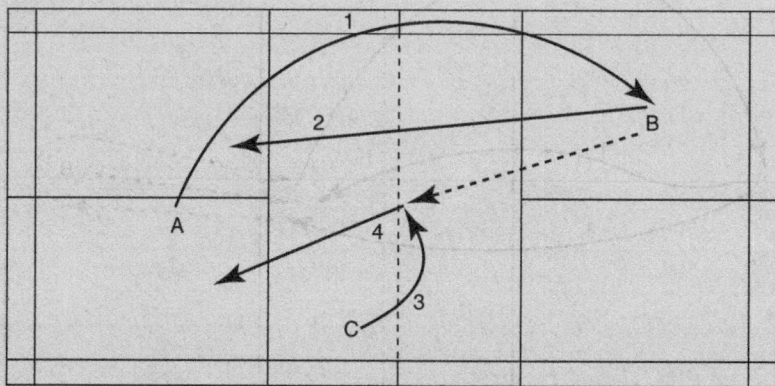

图 11.12　快速攻击练习

● 让球员 B 更加靠近网前，直到他感觉有可能触网为止。

要降低难度

● 降低速度，让球员 B 的恢复时间更加充足。

● 提高在网前抛球的高度，让球员 B 有更多时间赶到。

成绩检查

● 使用正确的上网步法。

● 靠近球网时举起球拍。

成绩计分

回合持续 30 秒，同时没有失误 = 10 分

连续完成 6 次回球，同时没有失误 = 5 分

你的得分 _____

体能练习 7　底线攻击

　　球员 A 站在后场底线附近，不断地打下手球到网前，让球员 B 上来接球（图 11.13）。球员 B 跨站在双打后发球线上，击球完成后立即上网。球员 B 上到网前后，打一个足够高的球，以便自己有充足的时间返回。当球员 B 返回后场后，球员 A 应该再打一个球。练习持续 30 ~ 60 秒。

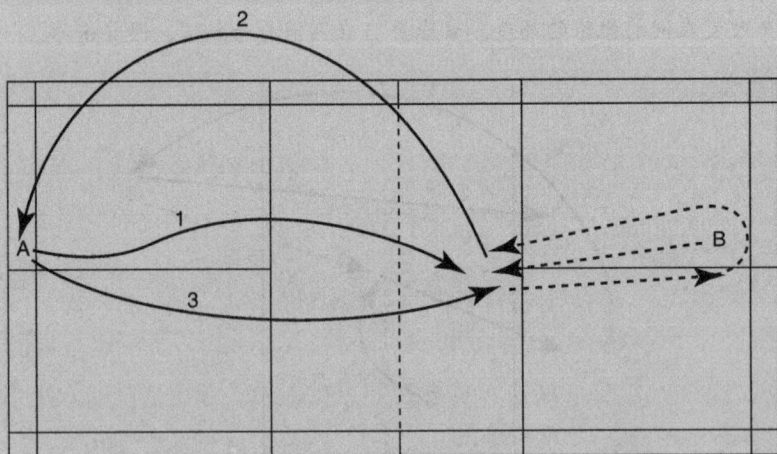

图 11.13　底线攻击练习

要增加难度

- 提高速度，缩短球员 B 再次上网的时间。
- 改变击球方向，让球员 B 从网前回位的时间变短。球员 A 喂球时可以忽左忽右，甚至可以使用假动作，从而增加球员 B 回球的难度。

要降低难度

- 降低速度，让球员 B 的恢复时间更加充足。
- 提高在网前抛球的高度，让球员 B 有更多时间赶到。

成绩检查

- 使用正确的上网步法。
- 靠近球网时举起球拍。

成绩计分

回合持续 30 秒，同时没有失误 = 10 分

连续完成 6 次回球，同时没有失误 = 5 分

你的得分 _____

体能练习 8　根据指令跑步法

这是一项针对初学者的低级训练。你需要一台磁带录音机，另一名球员或教练。在这项练习中，你需要在固定的时间内完成每一次移动，然后返回中场。

磁带录音机、其他球员或教练先说一个预备指令（向前或向后），再说一个执行指令（正手或反手）。这些指令都是随机的，每两个指令之间有 1 ~ 2 秒的停顿。当你听到指令"向前，正手"时，向前移动到网前，并使用正手挥拍。当你听到指令"向后，正手"时，就要移动到正手后场。同样地，指令"向后，反手"的意思是移动到后场的反手角，指令"向前，反手"的意思是向前移动到网前的反手角。

站在中场，从准备姿势开始。按照指令随机去摸场地的四个角，之后返回中场。使用右脚与右腿转动身体和接触角，同时使用滑步与拖步。只在反手侧交叉双腿，正手侧不用。

当你在球场上跑动时，要遵循口头指令与手势。图 11.14 显示了 8 个方向的移动顺序示例。

要增加难度

● 在任何一个跑动顺序中，增加触摸角的次数。

● 缩短命令之间的时间间隔。

● 增加另外的命令，比如左侧和右侧移动。

● 使用滑步代替常规的垫步。

● 转身垫步跳，在移动结束时模拟击球动作。返回中场。这种跳步的动作需要更多能量，你应该尽力保持控制与平衡，特别是在跳起后落地时。

要降低难度

● 在任何一个跑动顺序中，减少触摸角的次数。

● 放慢移动速度，可以步行。

● 教练使用手势进一步指明移动的方向。

成绩检查

● 手上不拿球拍，使用右手去触摸地板。

● 右脚在前。

● 在每次触摸结束后，模拟击球动作。

成绩计分

在 30 秒内触摸四个角 10 次以上 = 10 分

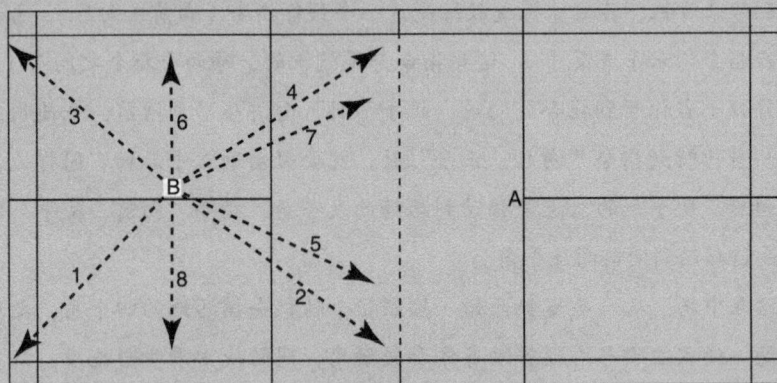

图 11.14　根据指令跑步法

在 30 秒内触摸四个角 6 ~ 9 次 = 5 分

在 30 秒内触摸四个角 1 ~ 5 次 = 1 分

你的得分 ____

体能练习 9　按照数字跑步法

这是一项高级训练，需要使用磁带录音机或节拍器。你将在固定时间内完成每次移动，然后返回中场。磁带录音机念出一个随机数字，每两个数字之间有 1 ~ 2 秒的停顿。每个数字都对应着场上的一个位置。

● 数字 1 表示来到网前或正手。

● 数字 2 表示返回正手角或右后角。

● 数字 3 表示返回反手角或左后角。

● 数字 4 表示来到网前的反手角或左前角。

一个示例顺序是 1, 4, 2, 4, 2, 2, 1, 4, 3, 4, 2, 1, 2, 2, 4。

站在中场，从准备姿势开始。根据磁带录音机的命令，随机地触摸球场的四个角，然后返回中场。重点在于正确的步法与移动速度。以常规速度或全速执行这项练习。

使用右脚与右腿转动身体和接触角，同时使用滑步与拖步。只在反手侧交叉双腿，正手侧不用。当你在球场上跑动时，要遵循报出来的数字。

要增加难度

● 缩短每个数字之间的时间间隔。

● 在每次触摸后模拟击球动作。

● 使用滑步代替常规的垫步。

● 转身垫步跳，在移动结束时模拟击球动作。返回中场。这种跳步的动作需要更多能量，你应该尽力保持控制与平衡，特别是在跳起后落地时。

要降低难度

● 放慢速度，或者增加两次报数之间的时间间隔。放慢移动速度，可以步行。

成绩检查

● 手上不拿球拍，使用右手去触摸地板。

● 右脚在前。

成绩计分

在 30 秒内触摸四个角 15 次以上 = 10 分

在 30 秒内触摸四个角 15 次以下 = 5 分

你的得分 ＿＿＿

移动与反应

每球得分制迫使球员重视一致性。尽量避免失误，目标是提高击球质量。高级球员应该在努力实现一致性的同时，保持较高质量的执行与击球选择。

在练习期间，喂球员控制球的速度与飞行路线。节奏决定了球员的反应时间。球员结束练习时能够获得成就感，这一点很重要。喂球员应该维持一定的水准，既让球员完成回合，又不会让他接不到球。高级球员必须学会如何维持回合。喂球员必须在必要时放慢节奏，保证球员能够发展持久力与一致性。教练应该提供反馈与正面强化，确保让球员完全了解正常节奏与故意放慢节奏之间的差别。球员必须在完成回球后返回中场，以便再现比赛环境，并提高球员对比赛速度的认知。还要着重练习击球后变向与恢复的能力。在观察球员的变向时，教练应该找出正确的重心转移与启动速度。这可以表明球员的体能状态。耐力很重要，因为当运动员感到疲倦时，一致性就会下降或者完全消失。

下面的体能练习属于循环训练的形式，共 11 项，每项为时 5 分钟，球员按顺序完成。这些练习强调的是敏捷性、反应、速度与力量。

1. 小矩形范围内的平抽与推球练习。 两名水平相当的球员来回打平抽球，并随机打一个推球到对方的肩后。只打半场，但正常计分。球的落点只允许在前发球线与双打后发球线之间。执行练习 5 分钟。这站练习鼓励球员应该不断变换战术，尝试找到能让对手失去平衡的区域或击球方式。

2. 耐力与力量。 球员 A 从左发球区中开始，打一个高远球，落点尽量保持在单打线内，前后不超过 10 英寸（0.25 米）。球员 B 打一个高远球到对角，尽量充分发力，打到较深的位置。当球员的水平渐长时，偶尔也能打平高球。2 分钟后，两名球员互换角色。

3. 防守与进攻练习。（1）球员 A 将球杀到任意一边，而球员 B 顶高球。2 分钟后，两名球员互换角色。重复练习。（2）球员 A 打直线平抽球，而球员 B 回斜线平抽球。2 分钟后，两名球员互换角色。重复练习。（3）球员 A 打直线吊球，而球员 B 回勾对角。2 分钟后，两名球员互换角色。重复练习。

4. 爆发式移动。 喂球员给球员喂球，让他回吊球。球员在每边各完成 50 个直线吊球与 50 个勾对角。开始时用手抛球。抛的球越深，球员的击球点就越靠近球网。如果出现不可能接到的吊球，喂球员再抛一个球，但要求球员的站位靠后一点。球员赶到接吊球的高度与位置都不是最理想的。这项练习的重点是伸展能力与灵活性。2 分钟后，两名球员互换角色，并重复练习。

持续的爆发式移动练习要求球员

在网前击球后，向后朝中场方向退一小步。然后喂球员打一个快速的后场球，迫使球员爆发式移动，同时保持平衡。聪明的击球选择可以降低恢复的难度。在至少 2 个角上重复这项练习。球员通过爆发式移动与不错的敏捷性才能完成快速的变向。1 分钟后，两名球员互换角色，并重复练习。

5. 吊球与高远球。 球员 A 站在网前的右角，球员 B 站在后场的左角。球员 C（练习的人）将球一致地打向前两者。球员 A 负责打直线吊球，而球员 B 负责打直线高远球。几个回合后，球员 B 改变击球方式，交替使用直线与斜线高远球以及直线吊球。再后来，球员 B 改打直线或斜线吊球。

6. 变向跑动。 一开始准备 12 个球，前场放 6 个，每侧场地边线各放 3 个。球员必须使用弓步，然后变向，尽量拆除所有的球。

7. 二对一防守。 两名球员打一名球员，为时 5 分钟。可以打杀球、吊球与平高球。两名球员采取前后站位。

8. 二对一进攻。 独自为战的球员打杀球、吊球与平高球。其他两名球员采取平行站位，进行防守。

9. 三对一防守。 两名球员在前场，一名球员在后场。独自为战的球员进行防守。

10.杀边线与回斜线。首次击球要求一致性，第二次击球要求恢复与回球反应。满足要求的同时还要注意对击球的控制。可以从场地的两侧进行杀球，接杀必须为斜线。可以将回平抽球改为回高远球，从而增加难度。

11. 边线绕头顶击球后回斜线。这项练习注重执行绕头顶击球后的恢复，包含身体的快速重心转移与变向。球员执行绕头顶杀球，其同伴回斜线球。球员必须抓住这个斜线球机会，回一个直线平抽球。球员的目标是连续击中3次。最多允许尝试5次。在网前的两个角上都要执行这项练习。

体能训练的总结

制订结构化的羽毛球体能训练计划时，要依据球员目前的身体条件、能力与技术水平。只要身体素质提高，任何球员都能变得更加强大。肌肉力量与肌肉耐力是总体身体素质的重要组成部分。它们也有助于提高球员在场上的速度、敏捷性与能量。

记录下你每次练习的分数，并统计下这个步骤中的总得分。

体能练习

1. 装有50个球的盒子得分 ＿＿＿（10分）

2. 正手高远球与反手吊球得分 ＿＿＿（10分）

3. 3拍持续性回合得分 ＿＿＿（10分）

4. 斜线3拍持续性回合得分 ＿＿＿（10分）

5. 6连击步法回合得分 ＿＿＿（10分）

6. 快速攻击得分 ＿＿＿（10分）

7. 底线攻击得分 ＿＿＿（10分）

8. 按照指令跑步法得分 ＿＿＿（10分）

9. 按照数字跑步法得分 ＿＿＿（10分）

总得分 ＿＿＿（满分90分）

　　总分为 90 分，你如果获得 75 分以上的成绩，说明你已经掌握了双打的必要技巧。如果你的得分低于 75，重复自己认为难度最大的练习。邀请一位教练、老师或有经验的球员来提升你的高级技术。

　　你已经完成了学习羽毛球运动的所有步骤。本书凝聚了作者长期以来的职业生涯与教学生涯的全部心血。每个步骤之间环环相扣，带领你一步步成为最优秀的羽毛球运动员。对基础与策略的注重，让你可以分析自己在球场上的表现。针对增加或降低练习难度的建议，让你可以根据自己的能力进行合理的安排。误区指出了球员们在学习羽毛球的过程中遇到的一些常见问题，并就如何纠正这些问题给出了中肯的建议。

　　恭喜你已经攀登到了通往羽毛球成功的顶峰。继续阅读资料，询问问题，多观察和模仿更多有经验的球员，最重要的是保持练习和打羽毛球。本书为你在羽毛球运动中取得成功提供了一条可循之路。除此之外，你还需要天赋、求胜欲和自己的个性。

术语表

细长地带——在比赛中可以使用也可以不使用的比赛区域。例如，边线细长地带就是单打边线和双打边线之间的细长地带。这块 1.5 英尺（0.46 米）宽的区域在双打中算界内，但在单打中算界外。端线细长地带就是双打后发球线与后场端线之间的细长地带，深度为 2.5 英尺（0.76 米）。它在双打发球中算出界。但在发球后，这块细长地带是属于界内。

绕头顶击球——一种使用正手的回球，但触球点位于球员的左肩上方。

后场端线——类似于网球运动中底线的一条线，用于指定羽毛球比赛区域的后端。

后场——球网两侧场地到后场端线之前的大约最后 11 英尺（3.35 米）场地。

反手——从身体左侧完成的回球或击球。

反手握拍——球员从身体左侧回球的握拍方式。在羽毛球运动中，通常使用握手式或开枪式握拍，右手大拇指按住拍柄的左侧顶棱。

引拍——将球拍往后拉，准备向前挥拍的动作。属于挥拍动作的一部分。

羽毛球世界联合会——全世界羽毛球运动与赛事的管理主体。前身为国际羽毛球联合会（IBF）。2006 年 12 月名称变更正式生效。

基本点——位于球场中间附件的一个店，球员在完成大多数击球后都要回到这个点。

底线——标明球场后边界的线。

持球——回球在拍面上停滞后然后过网。这种回球属于合法回球，因为它是球员常规击球的延续，不算双击。

高远球——一种飞向后场深处的高回球。

斜线球——一种沿对角线方向横跨全场的回球或击球。

双击——同一次击球时连续击球两次，属于失误。

双打发球区——双打进行发球的区域。羽毛球场地的每一侧都有左右双打发球区。每个双打发球区的界线分别由前发球线、中线、双打边线与双打后发球线构成。它的尺寸是 13 英尺（3.96 米）长与 10 英尺（3.05 米）宽。它有时也被称为 "short and fat"。单双打边线之间的细长地带属于界内，而单双打端线之间的细长地带属于界外。

平抽球——飞行路线较平的一种回球或击球，飞行时与地板平行，但高度足够过网。

发低平球——一种大力而快速的发球，过网路线很平，通常飞向接发球员的左肩部。双打中比单打中更加常用。

吊球——一种刚刚过网就下坠的回球或击球，从网前或后场使用下手或上手姿势打出。

违例——任何违反规则的行为。

发平快球或回平快球——一种特别快速而平的发球或回球，通过抖腕打出，越过对手飞向后场。主要用于双打中，适用于对手一直在己方发球时猛冲猛打的情况。

随挥——球拍触球后的平滑过渡。

正手——在身体右侧的回球或击球。

正手握拍——球员从身体右侧回球的握拍方式。在羽毛球运动中，握手式或开枪式握拍是最常见的。

前场——球网两侧从中场到球网之间的场地，约为 11 英尺（3.35 米）长。

局——以获取特定数量的分数为目标的竞赛。所有比赛均为 21 分制，比如女单或男单，男双、女双与混双。

网前放小球——一种在近网处进行的吊球形式，从球网的一侧落到另一侧，飞行路线就像是一根夹发针。

失去发球权——在每球得分制下，拥有发球轮次的一方只有一次发球机会，这个术语不再适用。在老式规则下，这个术语用于表示双打同伴失去了发球权。失去第一次发球权表示一名同伴失去发球权。失去第二次发球权表示两名同伴都失去发球权，这意味着他们的发球轮

次已经结束，对方获得发球权。

一方保持发球权的时间——个人或组合在场地一侧的发球轮次。

国际羽毛球联合会——IBF 以前是管理全世界羽毛球运动与赛事的主体。参见羽毛球世界联合会。

擦网——一种干扰形式，这一分需要重赛。

Love——在得分规则中，表示 0 分或者尚未得分。

Love-all——双方均未得分。

比赛——一种规定局数的竞赛，通常为三局两胜。

赛点——赢得比赛的一分。

混双——男球员与女球员组队参加的比赛，两组球员分别在球网的两侧打球。

滚网球——打到球网后继续落在对手场地的回球。也可以表示在近网处完成的回球。

头顶——在头顶上方的某个点完成的击球。

落点好的球——打在对手场地上特定位置，让对手回球困难的回球。

推球——轻轻推在对手场地中的回球或击球。在双打中，这种击球一般会越过对方的网前球员。

回合——相互竞争的球员来回击球过网。

准备位置——位于中场附近的基本等待位置，与所有角的距离都相等。在这个位置上，球员能够及时够到对手打到已方场地上各个位置的回球。

接发球员——负责接发球的球员。

回球——将对手的击球打回去的击球方法。

发球——在回合或一分开始时，将球打出去的行为。

发球员——负责发球的球员。

发球区——球网两侧用于发球的区域，分为左右两个。单打与双打都有左右发球区，但尺寸与形状不同。

发球结束——己方失去发球权，对手获得发球权。

前发球线——发球区前端的线，距离球网约为 6 英尺 6 英寸（1.98 米）。

羽毛球——羽毛球运动中使用的球。

失去发球权——丢失发球权。

单打发球区——单打进行发球的区域。球场两侧都有单打发球区，分为左右两个。每个单打发球区由前发球线、中线、单打边线与后场端线组成。尺寸为 15.5 英尺（5.03 米）长和 8.5 英尺（2.59 米）宽。它有时也被称为 "long and narrow"。

单打边线——指定单打的边界。单打场地的两条边线之间的距离为 17 英尺宽（5.18 米）。

杀球——一种威力巨大的回球或击球，以向下的角度打到对手场地中，速度很快。

击球——使用球拍打球的行为。

汤姆斯杯——一种男子国际羽毛球团体赛事，类似于网球的戴维斯杯。首次举办于 1948 年。两个国家之间对阵，分为 3 场单打与 2 场双打比赛。汤姆斯杯每两年举办一次，均为偶数年。

尤伯杯——一种女子国际羽毛球团体赛事。首次举办于 1957 年，以前英国球员贝蒂·尤伯而命名。尤伯杯也是杯每两年举办一次，均为偶数年。

美国羽毛球协会——美国羽毛球协会是美国羽毛球运动的管理主体。美国羽毛球的前身是美国羽毛球联合会，存在于 1936 年到 1977 年，之后更名为美利坚合众国羽毛球联合会。1996 年开始启用现在的名称。

木球——产生这种回球或击球的原因是，球的尖端或软木基座打在了拍框上，而没有打在拍线上。它一直属于不合法的回球，但 IBF 于 1963 年决定木球是合法的。

补充资源

书籍

略。

装备提供商

羽毛球装备的价格与质量差别很大。下面列出了美国两家知名的羽毛球装备公司：

Louisville Badminton Supply

1313 Lyndon Lane，Suite 103

Louisville，KY 40222

San Diego Badminton Supply

2571 S. Coast Highway 101

Cardiff by the Sea，CA 92007

此外，还有几家国际著名的公司也出售羽毛球拍与其他装备。Yonex，Carlton 和 Wilson 是全球领先的羽毛球装备制造商。

关于作者

Tony Grice羽毛球职业生涯与教练生涯加起来超过 40 年。他的国内双打排名最高为第 11 位，国内单打排名最高为第 15 位。作为大师级球员，他赢得了 1998 年美国国家大师赛男子单打冠军，以及 1998 年和 1999 年美国国家大师赛男子双打冠军。在 2003 年全国精英赛上，他获得了 55 岁以上年龄组男子单打和双打亚军，并在 2008 年全国锦标赛上获得了 40 岁以上年龄组的混双冠军以及 60 岁以上年龄组的男双冠军。

Grice 于 1973 到 1975 年曾担任美国路易斯安那州西北州立大学的女队主教练。1975 年，在第一批 8 名女队员中，有 2 名获得了该州立大学的运动员奖学金。1987 年，Grice 来到中国北京，以美国国家队教练及团队训练师的身份参加了世锦赛。另外，他还担任美国国家队的团队运动生理学专家一职长达 10 年时间（1988—1999），并在此期间对科罗拉多斯普林斯（Colorado Springs）奥林匹克训练中心的几份研究成果进行了指导。1987到 1993 年，Grice 一直在美国羽毛球理事会任职。1989 年俄克拉何马城（Oklahoma City）举办奥林匹克体育节时，他还曾担任南方队的主教练，并在 1993 年与 1995 年两届美国奥林匹克节中担任裁判。他是美国羽毛球教育基金会的会员，并且同时是美国羽毛球协会与南方羽毛球协会的终身会员。

Grice 目前是密西西比州克利夫兰市三角洲州立大学的健康、体育与娱乐系的副教授。他有两本羽毛球专著，其中一本已经被译成 6 个语种在全球范围内出版。目前，他继续在三角洲州立大学中从事羽毛球的教学。